Grundeinsichten des Glaubens

Ein Gang durch die biblische Urgeschichte
1. Mose 1 bis 11

Vorträge von
Prof. Dr. Joachim Molthagen/Hamburg

anlässlich der Bibeltage
vom 14. bis 19. März 2006
in der Christuskirche Schöningen

Hrsg.: Peter Muttersbach

2. Auflage 2022

© Joachim Molthagen

Satz, Layout, Umschlaggestaltung: Peter Muttersbach
Titelabbildung: Musei Vaticani/ Peter Barritt Photography
Herstellung und Velag: BoD – Books on Demand, Norderstedt
Bestellung beim Verlag oder Herausgeber (peter.muttersbach@t-online.de)

ISBN 9783756888894

Professor Dr. Joachim Molthagen

1941 geboren in Oldenburg (Oldb.); Studium: Geschichte, Evangelische Theologie und Latein in Hamburg und Heidelberg; Staatsexamen für das Lehramt an Gymnasien in Hamburg (Fächer: Geschichte und Religion); Promotion an der Universität Hamburg (Hauptfach: Alte Geschichte); ab 1969 Lehr- und Forschungstätigkeit am Seminar für Alte Geschichte der Universität Hamburg; 1982 bis 2005 als Professor.

Joachim Molthagen ist seit 1964 verheiratet mit Edeltraud und hat drei Kinder. Er ist Mitglied in der Evangelisch-Freikirchlichen Gemeinde Hamburg-Hamm.
Wichtigste Forschungsfelder: Römische Republik, frühes Christentum im Verhältnis zu Staat und Gesellschaft der römischen Kaiserzeit (besonders in neutestamentlicher Zeit).

Die nachfolgenden Texte sind Abschriften der Tonaufnahmen, die von den Veranstaltungen mitgeschnitten wurden. Dadurch ist der Redecharakter in den Texten deutlich spürbar. Die Aufnahme der zweiten Veranstaltung (zu 1. Mose 2) war missglückt, deshalb ist der Vortrag von Joachim Molthagen nachträglich schriftlich ausgearbeitet worden und hier eingefügt.
Den Teilnehmern der Veranstaltungen lagen ausgedruckte Bibeltexte der Zürcher Übersetzung vor, wie sie auch vom Referenten benutzt wurde (siehe Lesungen und Zitate in den Vortragstexten).

Inhalt

Vorwort 6

Die Veranstaltungsfolge, die Themen und Texte

Dienstag, 14. März 2006, 19:30 Uhr:
Im Anfang schuf Gott den Himmel und die Erde 7
Schöpfungsglaube und Wissenschaft
(1. Mose 1,1–2,4a)

Mittwoch, 15. März, 19:30 Uhr:
Als Gott der Herr Himmel und Erde machte 24
Eine ältere Erzählung von Gottes Schöpfung
(1. Mose 2,4b–25)

Donnerstag, 16. März, 19:30 Uhr:
Leben aus eigener Kraft gestalten 35
Die Geschichte vom Sündenfall
(1. Mose 3,1–24)

Freitag, 17. März, 19:30 Uhr:
Was Menschen einander antun 53
Kain und Abel
(1. Mose 4,1–16)

Samstag, 18. März, 15:30 Uhr (Bibelnachmittag):
Gott und das Unheil in der Welt 68
Die Sintflut
(1. Mose 6,5–8,22)

Sonntag, 19. März, 10:00 Uhr (Gottesdienst):
Der Turmbau zu Babel 84
(1. Mose 11,1–9)

Anhang

Gilgaesch-Epos (Auszug) 96
Jahwist und Priesterschrift zur Sintflut (nach G. v. Rad) ... 98

Vorwort

Gerne erinnere ich mich an die inzwischen lange zurückliegenden Bibeltage in Schöningen und danke der Evangelisch-Freikirchlichen Gemeinde noch einmal für die Einladung und für das aufgeschlossene Mitgehen bei den damaligen Referaten. Mein besonderer Dank gilt Peter Muttersbach, der mit der Bitte an mich herantrat, die Vorträge einem weiteren Leserkreis zugänglich zu machen, und der die Publikation durch Verschriftlichung meiner auf Tonträgern festgehaltenen Ausführungen möglich machte. Natürlich waren sie für die Veröffentlichung ein wenig zu überarbeiten, aber der Charakter des mündlichen Vortrages wurde beibehalten.

Inhaltlich haben sich mir die behandelten Bibeltexte vor allem erschlossen durch die Auslegung, die Gerhard von Rad in seinem Kommentar zum ersten Buch Mose vorgelegt hat. (Das Alte Testament Deutsch, Teilbände 3-4, ich nutzte die 6. Auflage, Göttingen, Vandenhoeck und Ruprecht 1961). Seinen Beobachtungen und Ergebnissen bin ich durchgehend in hohem Maße verpflichtet. Darüber hinaus hatte ich als junger Student im Sommersemester 1963 in Heidelberg Gelegenheit, Gerhard von Rad persönlich kennenzulernen durch Besuch seiner Vorlesung, die wiederum das 1. Buch Mose behandelte. Diese Begegnung hat mich bleibend geprägt. Ich bin dankbar, Gerd von Rad zu meinen akademischen Lehrern zählen zu dürfen.

Für die Auslegung der Bibeltexte kann ich also keine Originalität beanspruchen. Meine Aufgabe sah und sehe ich darin, wissenschaftliche Bibelauslegung in das (evangelisch-freikirchliche) Gemeindeleben zu vermitteln und dafür fruchtbar zu machen. Wenn das seinerzeit durch die Vorträge in Schöningen geschehen ist und nunmehr durch ihre Veröffentlichung erreicht wird, haben sie ihren Zweck erfüllt.

Hamburg, im Oktober 2022   Joachim Molthagen

Dienstag, 14.03.2006
1. Abend der Bibeltage

Im Anfang schuf Gott
den Himmel und die Erde
Schöpfungsglaube und Wissenschaft (1. Mose 1,1–2,4a)

Danke für das herzliche Willkommen hier in Schöningen. Gerne bin ich wiedergekommen. Ich erinnere mich noch, das ist noch nicht mal zwei Jahre her, dass ich die Gemeinde hier und viele von Ihnen kennengelernt habe. „Bibeltage" steht über der Veranstaltungsreihe und darum geht es. Es geht nicht um systematische Vorträge, sondern dazu sind diese Abende eine Einladung, dass wir miteinander in der Bibel lesen, aus den ersten Kapiteln des ersten Buches im Alten Testament. Und das Ganze steht unter dem Stichwort „Grundeinsichten des Glaubens", warum, das werden wir heute bei unserm ersten Text sicher schon ein bisschen nachvollziehen können. Über die Bibel reden sollte man erst, nachdem man sie selbst hat zu Wort kommen lassen. Und von daher bin ich sehr dankbar, dass es möglich war, uns die Texte, die wir an diesen Abenden miteinander bedenken wollen, dann auch in die Hand zu geben. Sie haben vor sich in der Zürcher Übersetzung die Kapitel, die von heute an bis zum Predigttext am Sonntag hier von uns bedacht werden wollen. Ich habe ein anderes kopiertes Blatt, aber aus derselben Zürcher Übersetzung. Ich möchte den Text lesen. Wenn ich an zwei Stellen ein bisschen davon abweiche, dann hängt das mit verschiedenen Möglichkeiten den Urtext zu deuten und zu übersetzen, zusammen.

Ich möchte uns diesen Text noch einmal lesen, auch wenn die meisten von Ihnen ihn sicher nicht zum ersten Mal mitbekommen und ich würde mich freuen, wenn Sie dabei überlegen: Wie wirkt dieser Text auf mich und wie verhält er sich zu dem, was ich in der Zeitung lese und was ich so alltäglich von der Welt denke?

1 Im Anfang schuf Gott den Himmel und die Erde. 2 Die Erde war aber wüst und öde und Finsternis lag auf der Urflut und der Geist Gottes schwebte über den Wassern.
3 Und Gott sprach: Es werde Licht! Und es ward Licht. 4 Und Gott sah, dass das Licht gut war, und Gott schied das Licht von der Finsternis. 5 Und Gott nannte das Licht Tag und die Finsternis nannte er Nacht. Und es ward Abend und ward Morgen: ein erster Tag.
6 Und Gott sprach: Es werde eine Feste inmitten der Wasser und sie scheide die Wässer voneinander! Und es geschah also. 7 Gott machte die Feste und schied die Wasser unter der Feste von den Wassern über der Feste. 8 Und Gott nannte die Feste Himmel. Und es

ward Abend und ward Morgen: ein zweiter Tag.

9 Und Gott sprach: Das Wasser unter dem Himmel sammle sich an einen Ort, dass das Trockene sichtbar werde! Und es geschah also. 10 Und Gott nannte das Trockene Land und die Ansammlung der Wasser nannte er Meer. Und Gott sah, dass es gut war.

11 Und Gott sprach: Die Erde lasse sprossen junges Grün: Kraut, das Samen trägt, und Fruchtbäume, die nach ihrer Art Früchte tragen auf der Erde, in denen ihr Same ist! Und es geschah also. 12 Die Erde ließ sprossen junges Grün: Kraut, das Samen trägt nach seiner Art, und Bäume, die Früchte tragen, in denen ihr Same ist, je nach ihrer Art. Und Gott sah, dass es gut war. 13 Und es ward Abend und ward Morgen: ein dritter Tag.

14 Und Gott sprach: Es sollen Lichter werden an der Feste des Himmels, Tag und Nacht zu scheiden, und sie sollen als Zeichen dienen und zur Bestimmung von Zeiten, Tagen und Jahren, 15 und sie seien Lichter an der Feste des Himmels, dass sie auf die Erde leuchten! Und es geschah also. 16 Gott machte die zwei grossen Lichter: das größere Licht, dass es den Tag beherrsche, und das kleinere Licht, dass es die Nacht beherrsche, dazu auch die Sterne. 17 Und Gott setzte sie an die Feste des Himmels, dass sie auf die Erde leuchten 18 und Tag und Nacht beherrschen und Licht und Finsternis scheiden. Und Gott sah, dass es gut war. 19 Und es ward Abend und ward Morgen: ein vierter Tag.

20 Und Gott sprach: Es wimmle das Wasser von lebenden Wesen und Vögel sollen fliegen über der Erde an der Feste des Himmels! Und es geschah also. 21 Gott schuf die grossen Seetiere und alles, was da lebt und webt, wovon das Wasser wimmelt, und alle geflügelten Tiere, ein jegliches nach seiner Art. Und Gott sah, dass es gut war. 22 Und Gott segnete sie und sprach: Seid fruchtbar und mehret euch und füllet die Wasser des Meeres und die Vögel sollen sich mehren auf der Erde! 23 Und es

ward Abend und ward Morgen: ein fünfter Tag.

24 Und Gott sprach: Die Erde bringe hervor lebende Wesen: Vieh, kriechende Tiere und Wild des Feldes, ein jegliches nach seiner Art. Und es geschah also. 25 Gott machte alle die verschiedenen Arten des Wildes und des Viehs und alles dessen, was auf dem Erdboden kriecht. Und Gott sah, dass es gut war.

26 Und Gott sprach: Lasset uns Menschen machen nach unserm Bilde, uns ähnlich; die sollen herrschen über die Fische im Meer und die Vögel des Himmels, über das Vieh und alles Wild des Feldes und über alles Kriechende, das auf der Erde sich regt. 27 Und Gott schuf den Menschen nach seinem Bilde, nach dem Bilde Gottes schuf er ihn; als Mann und Frau schuf er sie. 28 Und Gott segnete sie und sprach zu ihnen: Seid fruchtbar und mehret euch und füllet die Erde und machet sie euch untertan und herrschet über die Fische im Meer und die Vögel des Himmels, über das Vieh und alle Tiere, die auf der Erde sich regen!

29 Und Gott sprach: Siehe, ich gebe euch alles Kraut; das Samen trägt, auf der ganzen Erde und alle Bäume, an denen samenhaltige Früchte sind; das soll eure Speise sein. 30 Aber allen Tieren der Erde und allen Vögeln des Himmels und allem, was sich regt auf der Erde, was Lebensodem in sich hat, gebe ich alles Gras und Kraut zur Nahrung. Und es geschah also.

31 Und Gott sah alles an, was er gemacht hatte und siehe, es war sehr gut. Und es ward Abend und ward Morgen: der sechste Tag.

Kap 2,1 Also wurden vollendet der Himmel und die Erde mit ihrem ganzen Heer. 2 Und Gott vollendete am siebenten Tage sein Werk, das er gemacht hatte und ruhte am siebenten Tage von all seinem Werke, das er gemacht hatte. 3 Und Gott segnete den siebenten Tag und heiligte ihn; denn an ihm hat Gott geruht von all seinem Werke, das er geschaffen und vollbracht hat. 4a Dies ist die Entstehung des Himmels und der Erde, als sie geschaffen wurden.

Die Zeit reicht jetzt nicht für eine Umfrage und keine Angst, ich mache keine. Aber wenn wir jetzt alle sagen sollten, was wir von diesem Text halten, dann könnte ich mir vorstellen, dass wir auch in unserer Runde ganz schnell zwei große Gruppen haben.

Einige würden wohl etwas ratlos mit der Achsel zucken und fragen: Ich weiß nicht recht, was ich mit einem solchen Text schon anfangen soll. Mutigere würden sagen: Nein, der Text geht uns heute nichts mehr an. Der ist veraltet. Vielleicht ganz schön anzuhören und vorzulesen, aber so kann man sich die Erde doch nicht mehr vorstellen. Unserm Text sieht man doch zu deutlich ein veraltetes Weltbild und veraltete Vorstellungen von der Entstehung unserer Welt an. Die neuzeitlichen Naturwissenschaften haben zu anderen Ergebnissen geführt. Sie geben genauer und zuverlässiger Auskunft über die Gestalt und Entstehung unserer Welt. Wer will sich denn heute noch die Erde als eine Scheibe vorstellen? Sie alle ganz sicher nicht. Wer will sich den Himmel als eine feste Halbkugel, die fest über unserer Erdscheibe angebracht ist, denken? Dann wäre Raumfahrt schlicht nicht möglich. Wir alle leben aber damit, dass wir uns auf einem kugelartigen Planeten innerhalb eines großen Weltalls befinden.

Wir haben mit guten Gründen völlig andere Vorstellungen vom Universum, vom Weltall, als dieser unser Text von Himmel und Erde sie entwirft. Und wer von uns soll bitte glauben, diese unsere Erde, diese unsere Welt, in der wir leben, sei in einer Woche, in sieben Tagen gleich sieben mal 24 Stunden geschaffen worden? Die Naturwissenschaften haben doch zunächst einmal sehr respektable Indizien zutage gefördert, die Anlass geben, sich die Entstehung der Welt in einem unendlich viel längeren Zeitraum vorzustellen. Die Naturwissenschaftler sprechen von Millionen von Jahren. So viel kann ich als Althistoriker gar nicht denken. Wenn wir viele Jahrhunderte vor und nach Christus haben, ist das schon viel. Aber Jahrmillionen, das kann ich mir gar nicht so richtig vorstellen. Immerhin als Nicht-Naturwissenschaftler nehme ich zur Kenntnis, dass die Naturwissenschaften respektable Gesichtspunkte entdeckt haben, die uns Anlass geben, an einen so unendlich langen Entstehungsprozess unserer Welt zu denken. Überhaupt reden die Naturwissenschaften von Entwicklung und nicht von Schöpfung. Dieser Text ist veraltet, er hat eine veraltete Vorstellung von der Welt, von der Gestalt und der Entstehung der Welt. So würden die einen sagen, jedenfalls wenn sie ehrlich sind und zu äußern wagen, was sie denn so bei diesem Text empfinden.

Andere würden wohl sagen: Nein, was die Wissenschaft sagt, ist für uns nicht maßgeblich. Vergiss bitte nicht, lieber Referent, wo du bist. Du befindest dich in einer Kirche und hier wissen wir was Sache ist. Nicht die Wissenschaften zählen, sondern bitte sehr doch immer noch Gottes Wort und gerade wenn Du zu Bibeltagen einlädst, dann solltest du doch bitte auch Respekt vor dem Wort Gottes mitbringen. Was die Wissenschaften sagen, ist für uns nicht maßgeblich. Solche Leute würden dann vielleicht mit sehr viel Eifer und mit unendlich viel menschlichem Scharfsinn, vor dem man Achtung haben kann, den Buchstaben unseres Textes verteidigen und die Naturwissenschaften im Besonderen, vielleicht sogar die Wissenschaften im allgemeinen verwerfen. Ich vermute aber, diese andere Gruppe würde sagen: Ich kenne auch ein paar Wissenschaftler, die trauen sich zu, genau das zu beweisen, was hier in unserem Text steht. Und damit hängen sie doch wieder irgendwo an der Wissenschaft und meinen, die Wissenschaft sei doch die Instanz, die uns hier die eigentliche Bestätigung der Bibel erst mal geben muss. Das ist keine besondere Wertschätzung der Bibel, wenn die ihre Bestätigung erst von anderer Seite haben muss.

Damit wir uns nicht missverstehen: Auf die Bibel zu achten, die Bibel zu ehren, sie sehr gründlich zu lesen und zu bedenken, das halte ich für lebenswichtig. Und deshalb bin ich so gerne hierhergekommen und gehe auch in andere Gemeinden und in meine eigene Gemeinde und rege an, die Bibel zu lesen. Ich tue es selbst sehr gerne und lade andere dazu ein. Da liegt der Fehler nicht. Sich an die Bibel zu halten und bewusst wahrzunehmen, was da steht, das ist das A und O des Bibellesens. Dazu kann ich nur einladen. Nur so wie ich die zweite Gruppe dargestellt habe, macht sie im Grunde denselben Fehler wie die erste Gruppe, die ich dargestellt habe. Beide Gruppen gehen davon aus, die Bibel ist das Lehrbuch für alle Wissensgebiete. Wo behauptet die Bibel das denn, bitteschön? Lesen Sie sie mal von vorne bis hinten durch. Diesen Anspruch stellt die Bibel nirgends. Die Bibel ist nicht das Lehrbuch für alle Wissensgebiete unserer Wissenschaften. Sie ist nicht das Lehrbuch für Physik, für Astronomie, für Biologie, für Geschichte und was weiß ich für sonst noch was. **Die Bibel ist das gültige Zeugnis von Gott. Und sie informiert uns, was Gott uns zu sagen hat und wer wir vor Gott sind.** Das ist eine ganz andere Mitte der biblischen Botschaft.

Von daher möchte ich uns einladen, auf die Bibel im Sinne ihres Zeugnisses zu achten, heute Abend im Blick auf das erste Kapitel unserer Bibel. Wenn wir so auf unseren Text als Wort Gottes hören wollen, dann müssen wir uns zu allererst die Eigenart unseres Textes deutlich machen. Und wenn wir den Inhalt unseres Textes zusammenfassen sollten, dann macht unser Text selbst uns das einfach. Der allererste Satz fasst nämlich schon alles zusammen, was das lange Kapitel, das ich verlesen habe, entfaltet. *Im Anfang schuf Gott den Himmel und die Erde.* Davon handelt das ganze lange erste Kapitel in unserer Bibel. Das ist sachgemäß die Zusammenfassung seines ganzen Inhaltes. *Im Anfang schuf Gott den Himmel und die Erde.* Das ist die Zusammenfassung und das ist die Überschrift unseres Textes. Und dieser Satz kann nicht in einem wissenschaftlichen Lehrbuch stehen. Dieser Satz ist von seiner Aussageform her eindeutig Bekenntnis, eindeutig Glaubenssatz. Und wenn das dann richtig ist, was ich hier behauptet habe und wovon ich überzeugt bin, dass dieser erste Satz unsern ganzen Text zusammenfasst, kann man das auch umgekehrt sagen. Unser ganzer langer Text entfaltet nur auf vielfältige Weise, was unser erster Satz programmatisch festhält: *Im Anfang schuf Gott den Himmel und die Erde.* Und das heißt, unser ganzer Text entfaltet diesen Satz, der Bekenntnischarakter hat, der notwendig ein Glaubenssatz ist und nicht das Ergebnis irgendwelcher wissenschaftlicher Analysen. So müssen wir den Text ernst nehmen, wie er uns hier in der Bibel vorgegeben ist. Er ist Bekenntnis und er entfaltet faszinierend dieses Bekenntnis vielfältig.

Die Menschen, die dieses Bekenntnis, die dieses Zeugnis sagen und entfalten *Im Anfang schuf Gott den Himmel und die Erde,* waren Menschen des alttestamentlichen Bundesvolkes. Und sie konnten auf eine lange Geschichte Gottes mit seinem Volk zurückblicken. Spezialisten, Alttestamentler, die einzelne Teile des Alten Testamentes genauer untersucht haben, haben gute Gründe dafür auf den Tisch gelegt, dass unser Text zu den jüngeren gehört. Er ist sicher erst nach der babylonischen Gefangenschaft Israels so formuliert worden, wie wir ihn heute in unserer Bibel vor uns haben. Die letzten Verfasser unseres Textes konnten also auf eine Jahrhunderte lange Geschichte Gottes mit seinem Volk zurückblicken. Gott hatte Abraham berufen. Gott hat sein Volk aus Ägypten befreit und am Schilfmeer gerettet. Gott hatte seinem Volk das verheißene Land gegeben und sich vielfältig seinem Volk gegenüber als der Herr erwiesen, der sein Volk durch die Geschichte führt und es immer wieder bewahrt, auch, wenn Gott manchmal mit seinem Volk Wege ging, die diesem Volk nicht gefielen und die es nicht verstand. Auf diesem langen Weg Gottes mit seinem Volk hat das alttestamentliche Israel Schritt um Schritt mehr begriffen: Dieser Gott, der unser Gott ist, ist zugleich der eine Gott, den es überhaupt gibt. Er ist der Herr der Welt. Und dieser Gott steht nicht nur am Anfang unserer Geschichte als das Volk Israel, sondern er steht überhaupt am Anfang der Welt. So als Ergebnis eines langen geistlichen Lernprozesses haben die Verfasser unseres Textes im alttestamentlichen Israel die Möglichkeit gewonnen, dieses gewaltige Bekenntnis zusammenzufassen und dann so zu entfalten, wie es das Kapitel uns nahe bringt: *Im Anfang schuf Gott den Himmel und die Erde.*

Es bleibt richtig, dass unser Text sein Zeugnis von Gottes Schöpfung aussagt mit Vorstellungen von der Welt und ihrer Entstehung, wie sie nicht unseren heutigen entsprechen. Dafür ist unser Text, wenn er nach der babylonischen Gefangenschaft in der uns vorliegenden Gestalt aufgeschrieben wurde, ja auch über zweieinhalb Jahrtausende alt. Und jeder Wissenschaftler ist stolz auf den Fortschritt, den in seinem Fach die Wissenschaft bringt. Zweieinhalb Jahrtausende, sollte man sagen, da wollen wir doch mal hoffen, dass die Wissenschaft ein bisschen weitere Fortschritte gemacht hat. Unser Text, wenn er denn etwa zweieinhalb Jahrtausende alt ist, kann nicht auf dem wissenschaftlichen Stand heutiger Welterkenntnis stehen, sondern muss notwendig auf einem zweieinhalb Jahrtausende älteren Stand der damaligen wissenschaftlichen Welterkenntnis stehen. Und das macht unseren Text, den ersten Schöpfungsbericht, so geeignet, wenn es um die Frage nach dem Verhältnis vom biblischen Gottesglauben und Wissenschaft geht. Unser erster Schöpfungsbericht entfaltet das Zeugnis von Gottes Weltschöpfung, indem er ganz ungeniert und ganz unkompliziert richtig fröhlich den damals besten Stand der wissenschaftlichen Welterkenntnis zu Hilfe nimmt.

Dazu darf man sagen, dass unser Text von der Eigenart her zwar einen erzählenden Charakter hat, aber noch mehr Lehrcharakter. Und es ist eine Lehre, die getragen ist von der Anbetung Gottes. Das macht den Charakter dieses Textes aus. Unser Text enthält Priesterlehre und er ist auf einem langen Weg des Nachdenkens, des immer neuen Bedenkens und des immer neuen Formulierens gewachsen. Wenn man unseren Text sehr gründlich bedenkt, und ich lade Sie ein, es in den nächsten Wochen immer mal wieder zu tun, dann fällt Ihnen auf, unser Text ist in sehr verschiedener Weise gegliedert. Von sieben Tagen ist die Rede, aber wir haben acht Schöpfungswerke, die auf die ersten sechs Schöpfungstage verteilt sind. Der siebte Tag bringt ja mit der Ruhe Gottes von der Schöpfung den Abschluss des Ganzen. Sieben Tage, acht Schöpfungswerke, diese unterschiedlichen Gliederungsschemata weisen schon darauf hin, dass unser Text auf einem langen Weg des Nachdenkens und immer neuen Bearbeitens und Formulierens gewachsen ist.

Und vielleicht hatten Sie, als ich den Text las, auch den Eindruck, manchmal ist er auch langweilig. Man könnte ihn auch kürzen. Manches wird doch immer doppelt gesagt. Sie haben recht. Fast jedes Schöpfungswerk wird doppelt gesagt, darauf muss ich später noch zurückkommen. Und die Art, wie von Gottes Schöpfung die Rede ist, ist dabei sehr unterschiedlich. Zwei verschiedene Dinge, die dabei sofort ins Auge springen, möchte ich nur in Erinnerung rufen. *Gott sprach und es geschah also.* Das kommt x-mal vor in unserem Text. Und wiederholt heißt es auch: *Gott machte.*

Unterschiedliche Arten, wie hier von Gottes Schöpfung die Rede ist, deuten wieder darauf hin: Unser Text ist nicht in einer Generation und schon gar nicht als Schreibtischarbeit eines einzigen gelehrten Priesters gewachsen, sondern auf einem sehr langen Weg über viele Generationen und wahrscheinlich sogar über viele Jahrhunderte hinweg. Immer wieder ist der neueste Stand wissenschaftlicher Welterkenntnis aufgenommen. Das ist nun nicht mein berufliches Fach, das Alte Testament. Ich bin Althistoriker, da geht es um die alten Griechen und Römer. Ich lerne also gerne hier von den Alttestamentlern und Orientalisten. Und die können einem ganz schnell sagen: Vieles, was an Vorstellungen über die Gestalt und Entstehung der Welt im ersten Kapitel der Bibel vorkommt, das haben die alten Ägypter ganz ähnlich gesagt. Oder es gibt Anklänge an Texte, die wir aus dem alten Mesopotamien haben von den Sumerern oder den Babyloniern.

Das Wissen um die Gestalt und Entstehung der Welt, das in unseren Text eingegangen ist, ist nicht exklusiv im alttestamentlichen Israel gewachsen, sondern da hat Israel auch sehr häufig von den Nachbarvölkern gelernt, so wie wir von den Nachbarwissenschaften fröhlich lernen dürfen. Allerdings, wenn man dann die ägyptischen oder die mesopotamischen Texte mal mit unserem Text vergleicht, dann gibt es zwei Dinge, die bei Ägyptern und Babyloniern so gut wie immer vorkommen, jedenfalls entweder das eine oder das andere, die aber in unserem Text mit Bedacht fehlen. Ägypter und Babylonier haben sich die Weltentstehung immer wieder vorgestellt als das Ergebnis eines Kampfes mythischer Mächte, als eines Kampfes von Göttern im Besonderen. Noch die alten Griechen haben diese Vorstellungen übernommen. Und da reicht es bis in mein wissenschaftliches Fach hinein.

Und etwas anderes. Die Ägypter und die Völker im antiken Mesopotamien haben sehr häufig die Weltentstehung sich vorgestellt und dargestellt als eine Abfolge von Göttergeburten. Ich habe nie begriffen, wie das funktioniert gedanklich. Wieso denn, wenn Papa und Mama von Göttern Kinder kriegen, weshalb dann ein neues Stück Welt entstehen soll. Aber das war so die Art oder ein Schema, in dem bis hin in die griechisch-römische Dichtung die Weltentstehung dichterisch dargestellt wurde.

Götter kommen nicht vor in unserem Text. Es gibt nur einen Gott in unserem Text, der Himmel und Erde geschaffen hat. Wieder sagt das schon programmatisch unser erster Satz, auf den alles ankommt: *Im Anfang schuf Gott den Him-*

mel und die Erde. Und das ist der Gott, den Israel als seinen Gott kennen gelernt hat. Wir würden sagen: Das ist der Vater unseres Herrn Jesus Christus.

Dass unser Text manche Vorstellungen von Gestalt und Entstehung der Welt
enthält, die heute überholt sind, hatte ich wiederholt schon gesagt. Wenn man
diesen Unterschied locker zur Kenntnis nimmt und wenn man dann das ist,
was ich nicht bin, Naturwissenschaftler, dann kann man auch noch feststellen
mit gewaltigem Staunen, dass unsere heutigen Naturwissenschaften zweieinhalb Jahrtausende später an manchen Punkten ganz ähnliche Akzente setzen
wie unser Text. Ich war einmal eingeladen, nicht in einer christlichen Gemeinde, sondern im Rahmen einer entwicklungsbiologischen Vorlesung in der Universität Bielefeld diesen unseren Text von heute Abend auszulegen. Ich als
Nicht-Biologe, das war eine gewaltige Herausforderung, aber ich habe sie gerne
angenommen, denn ich bin nicht bereit außerhalb der Kirche anders über die
Bibel zu reden als in der Kirche. Und diesen Umgang mit der Bibel empfehle
ich allen anderen auch. Ich war nun der einzige Nicht-Biologe in dieser Runde,
als ich da in Bielefeld diesen Text auszulegen hatte. Im Gespräch sagte dann
die Professorin, die mich eingeladen hatte: „Sie haben immer betont, dass
doch hoffentlich die Naturwissenschaften in vieler Hinsicht jetzt weiterge-
kommen sind. Ich als Entwicklungsbiologin kann eigentlich nur staunen:
Vieles was in meiner Vorlesung vorkommt, sieht hier in diesem Text ganz ähnlich aus." Sie hatte den vorher nicht so gründlich gelesen und staunte das eine
ums andere Mal, wie aus ihren Augen gering der Unterschied war, zwischen
dem, was sie als Stoff in ihren Vorlesungen vorbereitet hatte und den Akzen-
ten, die in unserem Text vorkommen.

An einigen Stellen können wir das an Formulierungen unseres Textes deutlich
nachvollziehen. Unser Text gliedert die Weltentstehung. Der erste Satz ist die
Zusammenfassung. Die Entfaltung gliedert dann aber mehrere aufeinanderfol-
gende Schöpfungswerke. Die Entstehung der Welt, die Erschaffung der Welt
durch Gott, so unser heutiger Text, ist nicht mit einem Mal entstanden durch
einen Urknall oder was immer oder durch einen Satz Gottes, sondern Schritt
für Schritt als Abfolge sehr unterschiedlicher Schöpfungswerke. „So sehen wir
Entwicklungsbiologen die Entstehung der Welt bis heute auch", meinte sie.

Etwas anderes: An drei Stellen, wenn es um Pflanzen, Fische und Vögel und
Landtiere geht, dann betont unser Text: *Gott schuf sie, ein jedes nach seiner Art.*
Pflanzen und Tiere sind nach Arten geordnet. Was anderes tun denn die Bio-
logen heute? Ich bin kein Biologe, ich kenne das alles nur so ein bisschen vom
Hörensagen, aber genauso, würden die Biologen sagen, so muss man, wenn
man der Natur gegenübersteht, von den einzelnen Arten ausgehen. Die spielen

auch in den entwicklungsbiologischen Gedankengängen und Untersuchungen eine ganz wichtige Rolle.

Und häufig ist in unserem Text die Rede davon: *Gott schied, Gott trennte.* Gott schuf Ordnung. Die Griechen haben dafür ein Fremdwort, das wir kennen. Gott machte einen *Kosmos.* Das ist die geordnete Welt, nicht ein Durcheinander. Unsere älteste Tochter hat Physik mit Schwerpunkt Astronomie studiert. Dass die Physiker nach Naturgesetzen forschen und solche herausgefunden haben, findet in unserem Text die Entsprechung. Gott hat die Welt nicht als Kuddelmuddel gemacht, sondern hat eine geordnete, nach Regeln funktionierende Welt geschaffen, die Wissenschaft überhaupt erst möglich macht, dass wir mit unserem menschlichen Verstandesmöglichkeiten den Versuch machen konnten, Gott ein bisschen in die Karten zu gucken. Im Gespräch in Bielefeld habe ich gesagt: „Sie können von Ihrem Fach her Gott viel mehr in die Karten gucken als ich als Nicht-Biologe. Am jüngsten Tag, wenn wir vor Gott stehen, stelle ich mir in meiner menschlichen Art so vor, dass Gott Ihnen auf die Schulter klopft und sagt: Das habt ihr ganz gut gemacht. Da habt ihr euch ein bisschen verrannt und nun guckt mal her, jetzt lege ich euch mal mein Blatt offen. Und dann werdet ihr staunen, was ihr alles überhaupt noch nicht kapiert habt." Das war so meine menschliche Phantasie.

Gott hat die Welt als geordnete geschaffen. Das schafft Raum, dass wir Menschen die Kräfte unseres Verstandes einsetzen, um ein bisschen die Regeln, nach denen die von Gott geschaffene Welt funktioniert, entdecken zu können. Wir merken, auch von naturwissenschaftlicher Seite und erst recht naturwissenschafts-geschichtlich, kann unser Text hochinteressant sein.

Aber deswegen ist er nicht geschrieben. Damit haben wir den eigentlichen Nerv unseres Textes nicht erfasst. Der eigentliche Nerv unseres Textes ist und bleibt, was der erste Satz unseres Textes sagt, das Bekenntnis, das Zeugnis: *Am Anfang schuf Gott den Himmel und die Erde.* Und es macht Spaß, unseren Text von seinem eigentlichen Nerv her genauer zu bedenken. Das wollen wir im zweiten Teil des heutigen Abends tun und dann ein bisschen fragen, wie dieses Zeugnis von Gottes Schöpfung denn im Einzelnen entfaltet wird.

Keine Angst, ich gucke immer mal auf die Uhr und muss im Zweifelsfall kürzen, damit wir den Abend alle auch überleben. Der erste allgemeine Teil ist nun vorbei und nun möchte ich Ihnen in ein, zwei Minuten zum Abschalten erst mal empfehlen, dass wir uns ein bisschen erholen. Danach singen wir einen Kanon, ich schlage vor „Die Herrlichkeit des Herrn bleibet ewiglich". Ich habe gehört, er ist in der Gemeinde Schöningen auch nicht unbekannt. Und dann gehen wir, nachdem wir eine kleine Verschnaufpause machen, in den zweiten Teil des Abends.

[Pause und Lied]

Jetzt achten wir auf Einzelheiten unseres Textes und fragen, wie er dieses Zeugnis *Im Anfang schuf Gott den Himmel und die Erde* im Einzelnen entfaltet. Zunächst, denke ich, fällt auf, dass unser Text auf sehr vielfache und vielfältige Weise vom Schöpfungshandeln Gottes spricht. Auch hier ist der erste Vers wieder von besonderer Bedeutung: *Im Anfang **schuf** Gott den Himmel und die Erde.* Das Wort, das hier richtig mit „schuf" übersetzt ist, ist ein Wort, das im Alten Testament nur dann gebraucht wird, wenn Gott und Gottes Tun gemeint ist. Wenn Menschen etwas machen, steht nie dieses Wort da. Das Alte Testament hat dieses Wort „schuf" nur für Gottes Schöpfung, nur für Gottes Schaffen ausgesondert. Das glaube ich, ist eine sehr weise sprachliche Entscheidung. Wer von uns Menschen kann Gott wirklich in die Karten gucken? Wer von uns Menschen könnte sich anmaßen, Gott in seiner Größe wirklich zu erfassen? Wir werden das hier andeutungsweise, stückweise, ahnungsweise ein bisschen mitkriegen können, aber Gottes Wesen, Gottes Tun, können wir nicht wirklich erfassen. Damit hängt es zusammen, dass das Alte Testament sprachlich dieses eine Wort aussortiert und nur für Gottes Schaffen verwendet. In unserem Text steht das programmatisch am Anfang und am Ende. Im ersten und letzten Vers unseres Textes taucht das Wort auf, ansonsten erst wieder, wenn es um die Schaffung der ersten lebenden Tiere geht, in Vers 21, und dann kommt es in einem Vers gleich dreimal vor, dieses Wort *Gott schuf*, in Vers 27, wo von der Erschaffung des Menschen die Rede ist. Da wird also unterstrichen, die Erschaffung des Menschen steht in ganz besonderem Interesse unseres Textes.

Gott schuf, wer von Gottes Schaffen oder von Gott als dem Schöpfer spricht, der muss sich klar machen: Das Wie kapieren wir Menschen nie mit unserem begrenzten menschlichen Verstand. Hier sind uns Grenzen gesetzt. Von daher macht es Sinn, ein einzelnes Wort auszusortieren und nur für Gottes Schöpfung, für Gottes Schaffen zu verwenden. Das tut das Alte Testament und eben dieses besondere Wort *Gott schuf* haben wir hier programmatisch am Anfang und am Ende und an charakteristischen Stellen unseres Textes. Damit ist auch zugleich gesagt: Das Zeugnis von Gott als dem Schöpfer der Welt spricht von Dingen, die unsere menschliche Erfahrungswelt und die unsere menschliche Vorstellungswelt überschreiten. Wir können nicht, wie begrenzt wir Menschen mit all den faszinierenden Möglichkeiten unseres Verstandes auch sein mögen, wir können nicht wirklich Gott, sein Wesen und sein Tun erfassen.

Diese Ehrfurcht vor Gott wahrt unser Text schon vom Sprachgebrauch her darin, dass in unserem Text dieses eine besondere Wort, das nur für Gottes Schaffen reserviert ist, hier und an programmatischen Stellen gebraucht wird.

Unser zweiter Vers wahrt in ganz anderer Weise auch den Respekt vor der Majestät Gottes als des Schöpfers, den wir Menschen mit unserem Verstand nicht wirklich erfassen können. *Die Erde aber war wüst und öde.* Das würde ich Ihnen gern vom Hebräischen übersetzen. Das kennen sie möglicherweise als Fremdwort: Die Erde war *tohuwabohu*. „Kuddelmuddel" heißt das auf Hamburgisch. Ein einziges Durcheinander, Finsternis, Urflut, vom Chaos ist die Rede. Und dass das am Anfang stand, das wussten auch die Babylonier und die Ägypter. Nur, soll Gott das Chaos geschaffen haben? Das sagt unser Text nicht direkt. Aber, wenn hier vom Chaos die Rede ist, dann erst nach Vers 1 mit der programmatischen Einleitung. Irgendetwas, das aus eigenen Rechten neben Gott und seiner Schöpfung stehen könnte, kennt unser Text mit guten Gründen nicht. Damit komme ich mit meinem Bedürfnis nach logisch klaren Aussagen jetzt etwas in Schwierigkeiten. Ich würde die Verfasser des Textes gerne fragen: Sagt mir das doch noch mal deutlich: Ist das Chaos nun Geschöpf Gottes oder nicht? Ich weiß nicht, wie die Priester damals geantwortet hätten. Sie würden mir wahrscheinlich sagen: „Hör mal, das können wir dir so genau auch nicht erklären, aber ganz wichtig ist: Neben Gott gibt es nichts, das aus eigenem Recht existiert." Und da würde ich sagen: Gut, diesem Bekenntnis, das so eindeutig ist, da stimme ich mit ein, das würde ich gerne mit euch so sprechen. Und dann würden mir die Priester vielleicht sagen: „Alle Völker, die wir kennen, reden immer davon, dass das Chaos immer das Erste war. Also kamen wir daran nicht vorbei. Wir mussten das irgendwo unterbringen, also fangen wir auch mit dem Chaos an, auch wenn das logisch Schwierigkeiten bringt." Hier gibt es wieder logische Probleme. Wahrscheinlich waren die Priester klug genug, das selbst zu merken. Aber sie waren nicht in der Lage, hier das alles logisch aufzulösen, weil sie diesen Respekt vor der Majestät Gottes, an den wir mit unserem Verstand eben nicht herankommen, gewahrt haben. Ähnlich wie der Sprachgebrauch, der das eine Wort für Gottes Schöpfung aussortiert, wahrt hier die eigentümliche Art vom Chaos zu reden, die logisch nicht ganz klar ist, wieder den Respekt vor der Majestät Gottes als des Schöpfers, an den wir Menschen nicht voll herankommen.

Dann habe ich in diesem Vers eine andere Übersetzung, als die Zürcher sie bringt und als sie Ihnen vorliegt, genommen: *Ein Gottessturm* – Hamburger würden sagen: ein Orkan, Windstärke mindestens zwölf – *schwebte über dem Wasser.* Das dürfte die richtigere Übersetzung sein. Das hebräische Wort *ruach* wie das griechische Wort *pneuma* im Neuen Testament bezeichnet sowohl den Wind als den Geist. Man kann also sprachlich sowohl *Geist Gottes* als auch *Gottessturm* oder *Wind Gottes* übersetzen. Und viele Alttestamentler übersetzen hier Gottessturm in dem Sinne einer Steigerung. Gottes Berg ist ein besonders hoher Berg und Gottessturm, ich sagte das schon Hamburgisch: Orkan, Windstärke 12. Das gehört noch zur Beschreibung des Chaos.

Mit Vers 3 haben wir dann eine weitere, den ganzen Text charakterisierende Art von Gottes Schöpfungshandeln zu reden. *Und Gott sprach: Es werde Licht! Und es ward Licht.* Das Befehlswort Gottes, das die Welt ins Leben ruft, ist ein charakteristisches Darstellungsmittel unseres Textes. Und damit ist etwas ganz Wichtiges festgehalten: So faszinierend groß die Welt ist für die Priester damals, die kleine Welt noch als Scheibe unter der Himmelsglocke gedacht, und so faszinierend und unbegreiflich groß für heutige Astronomen, wenn ich etwa an unsere älteste Tochter denke, das Weltall ist, unverhältnismäßig größer als unsere große Welt, ist Gott in seiner Heiligkeit und Herrlichkeit. Er braucht nur einen Befehl zu sagen, und Dinge treten ins Leben nach und nach, wie alle Teile der Welt. Er spricht, er gebietet, und es steht da. Gott sagt einen Satz in Befehlsform und es formiert sich etwas, es wird etwas. Diese Art, von Gottes Schöpfungshandeln zu reden, weist hin auf eine mühelose Leichtigkeit. Gott spricht und es geschah also. Das macht die Herrlichkeit Gottes des Schöpfers aus gegenüber den Geschöpfen oder der ganzen Schöpfung und macht den unendlich großen Abstand zwischen den Geschöpfen oder der ganzen Schöpfung einerseits und Gott dem Schöpfer andererseits aus. Einige Alttestamentler bemerken dazu – und diese Überlegung hat es mir angetan: Wenn so Gottes Schöpfungshandeln dargestellt wird, dann ist ja praktisch das Wort die Verbindung zwischen Gott und seiner Schöpfung im Allgemeinen und die Verbindung zwischen Gott und uns Menschen im Besonderen. Und auch darin ist sicher etwas Richtiges beobachtet. Diese Art, Gottes Schöpfungshandeln auszusagen, hält also die Majestät Gottes hoch erhaben über aller Schöpfung einerseits und die Verbindung zur Schöpfung durch das Wort andererseits fest.

Wenn wir dann in den nächsten Vers gucken, heißt es: *Gott schied das Licht von der Finsternis. Und Gott nannte das Licht Tag und die Finsternis nannte er Nacht.* Und das setzt sich dann in Vers 6 folgende fort: *Gott sprach: Es werde eine Feste inmitten der Wasser,* damit wieder eine Scheidung, eine Trennung, eintritt zwischen den Wassern oberhalb und unterhalb dieser Feste. Die Feste ist eine festgestampfte Glocke oder Halbkugel. So stellten sich die Alten den Himmel vor. Und manchmal regnet es ja von da oben; über der Glocke muss es Wasser geben, und unter der Glocke gibt es auch Wasser. Das weiß man, wenn man an Flüssen oder nah am Meer wohnt. Insofern heißt es also wiederholt: *Gott schied.* Gott schaffte Ordnung, hatte ich schon in einem anderen Zusammenhang gesagt. Die Schöpfung Gottes, die Welt als Schöpfung Gottes ist eine geordnete Welt, ein Kosmos, wie die Griechen sagten. Es gibt feste Regeln, und menschliche Wissenschaft ist sogar imstande, ein bisschen diese Regeln, nach denen Gott den Weltbau gestaltet hat, nachzuvollziehen und nach und nach rauszukriegen. Das ist ein weiterer Akzent, wie unser Text, jedenfalls in den Anfangsteilen, das große Weltgerüst beschreibt: Licht und Dunkel werden getrennt, dann wird der Himmel gebaut, damit die Wasser oberhalb und unterhalb der Himmelsglocke voneinander geschieden werden, und drittens muss das Land vom Wasser geschieden werden, damit wir auf der Erde Wasser und Trockenes haben. Damit ist der Rohbau der Welt fertig. Die Erdscheibe und die Himmelsglocke drüber, und die Wasser unterhalb der Himmelsglocke sind dann ja schon in den Meeren der Erde für sich gesondert. Die Erschaffung der Welt als geordneter Kosmos – *Gott schied* – da ist das eingefangen.

Wiederholt wird dann – und in dem Abschnitt Vers 6 bis 8 haben wir das zum ersten Mal – nachdem vom Befehlswort die Rede ist: *Gott sprach: Es werde! Und es geschah also,* das Ganze noch einmal berichtet: *Und Gott machte die Feste und schied die Wasser unter der Feste von den Wassern über der Feste. – Gott machte.* Das ist das Bild des Handwerkers. Das Alte Testament weiß um die Herrlichkeit und Hoheit Gottes. Das habe ich ja schon betont. Und gerade weil das Alte Testament darum weiß, haben die Schreiber alttestamentlicher Texte dann auch überhaupt keine Scheu, Gott mal ganz menschlich darzustellen, hier im Bild des Handwerkers. Der krempelt die Ärmel auf wie ein Schnitzmeister, der eine Figur schnitzt, oder wie ein Töpfer, der ein Gefäß gestaltet. *Gott machte,* da ist an einen Handwerker gedacht, und ein Handwerker ist seinem Werkstück physisch unmittelbar nahe. Und wenn wir jetzt Vers 6 bis Vers 8 noch einmal angucken, wo wir diese beiden Elemente zum ersten Mal parallel haben, dann merken wir, dass damit das Verhältnis zwischen Gott und seiner Schöpfung in doppelter Weise ausgesagt werden soll. Einerseits ist Gott unendlich erhaben über aller Schöpfung und andererseits ist er seiner Schöpfung aufs nächste verbunden, aufs engste, aufs liebevollste zugewandt. Das ist typisch der Gott, den die ganze Bibel bezeugt vom ersten Kapitel, das wir heute Abend bedenken, bis zum letzten. Und die Christenheit ist immer in die Irre gelaufen, wenn sie sich nur an eine Hälfte gehalten hat. Wer Gott nur als den unnahbar Heiligen kennt, kennt nicht den Vater unseres Herrn Jesus Christus, der in ihm Mensch geworden ist und uns buchstäblich auf die Pelle gerückt ist. Wer nur Jesus als unseren guten Kumpel kennt, der eigentlich nur dazu da ist, das zu tun, was ich gerade möchte, der verliert den Respekt vor der Heiligkeit Gottes und hat nicht begriffen, warum Jesus den Weg bis ans Kreuz gehen musste. Gott ist immer der Heilige und der Gnädige zugleich. Wollten wir eine dieser Seiten wegnehmen, verfälschen wir das biblische Zeugnis von Gott. Und es ist das urbiblische Zeugnis von Gott, dass wir hier schon im ersten Kapitel zum Thema Schöpfung haben. Deshalb wird immer wieder in dieser doppelten Weise geredet: *Gott sprach und es geschah also* und *Gott machte*. Beides ist wichtig, wenn vom Verhältnis des Schöpfers zur Schöpfung die Rede sein soll. So weit unterschiedliche Arten, wie von Gottes Schöpfungshandeln die Rede ist.

Dann möchte ich noch besonders eingehen auf den vierten Schöpfungstag, das sind die Verse 14 bis 19. Da geht es um die Schaffung von Sonne und Mond und Gestirnen. So ausführlich war unser Schöpfungsbericht bisher noch nie. Das ist das erste Mal, dass unser Schöpfungsbericht jetzt sehr breit und ausführlich wird und das mit gutem Grund. Wir können das kaum noch nachvollziehen. In alttestamentlicher Zeit war das eine Sensation, was hier formuliert wurde. Und wer in unseren Zeitungen nur Horoskope liest, für den ist es auch immer noch eine Sensation, was hier steht. Unser Text sagt nämlich zwischen den Zeilen: Neben dem Gott, der Himmel und Erde geschaffen hat, gibt es nichts und niemanden auf der Welt, das aus eigenem Recht besteht. Sonne, Mond und Sterne waren Gottheiten bei allen Nachbarvölkern Israels. Und unsere Horoskope leben heute noch davon. Unser Text redet von Sonne, Mond und Sternen ganz anders. Sie sind Geschöpfe Gottes. Der Gott, den die Bibel bezeugt, der hat sie gemacht. Das sind also Schöpfungswerke Gottes, Dinge, die Gott gemacht hat zu ganz bestimmten Zwecken, nämlich als Beleuchtungskörper. Die Sonne sollte den Tag erleuchten. Der Mond, gerade bei Vollmond gut zu sehen, soll es in der Nacht ein bisschen hell machen und darüber hinaus sind Sonne, Mond und Sterne wichtig, dass Menschen den Kalender erfinden können, dass sie Jahre und Tage und Zeiten bestimmen können. Das sind Lampen, das sind Beleuchtungskörper und das sind Einrichtungen, damit wir Menschen einen anständigen Kalender machen könnten. Das sind also rein zweckbestimmte Gegenstände und nicht etwa Gottheiten, vor denen die anderen Völker in der Umwelt Israels Altäre gebaut, für die sie Tempel errichtet haben. Für die Umwelt Israels war gerade dieser Abschnitt eine Zumutung. Das, was alle Nachbarvölker Israels als Gottheiten verehrten, das werden hier Lampen und das werden hier Werkzeuge für einen Kalender, eine Zeitbestimmung vornehmen zu können, rein zweckbezogene, zweckbestimmte Gegenstände, die der eine ewige Gott, den die Bibel bezeugt, geschaffen hat. Niemand und nichts besteht aus eigenem Recht neben dem Gott, von dem unser Kapitel als dem Schöpfer Himmels und der Erden Zeugnis ablegt. Vielleicht denken Sie jetzt: Mensch, wissen wir doch, brauchst dich gar nicht lange dran aufzuhalten. Wissen Sie das wirklich? Wie oft haben gerade fromme Leute in den verschiedensten Kirchen und Freikirchen Angst vor bösen Geistern. Wir müssen hier noch einen Raum freibeten oder da. Wir dürfen, wenn wir den Gott der Bibel kennenlernen, ganz locker mit Martin Luther singen: „Ein Wörtlein kann ihn fällen, den altbösen Feind" und alle anderen, die es dann noch geben mag. Niemand und nichts existiert aus eigenem Recht neben Gott. Alles, womit wir in der Welt zu tun haben, steht unter Gott, hier etwa das, was bei anderen Völkern Gottheiten sind. Es sind Geschöpfe, geschöpfliche Dinge, die Gott zu ganz bestimmten Zwecken geschaffen hat.

Schließlich der lange Abschnitt von Vers 26 bis zum Ende des ersten Kapitels, die Erschaffung des Menschen, hier ein besonderer Höhepunkt in unserem Text, wie schon angedeutet. Hier wird noch einmal deutlich: Die ganze Welt kommt nicht nur von Gott her, weil Gott ihr Schöpfer ist, sondern sie ist auch auf Gott hin geschaffen. Schon die ständige Art, Gottes Schöpfungshandeln als Befehlswort auszudrücken, könnte ein Hinweis darauf sein. Hier dieser Abschnitt, Vers 26 bis 31, über die Erschaffung des Menschen macht es in besonderer Weise deutlich. Ein eigener Entschluss Gottes wird mitgeteilt: *Lasst uns Menschen machen.* Und dann: *nach unserm Bild, ein Bild, das uns gleicht.* Hier muss ich im Blick auf die Uhr deutlich kürzen. Morgen kommen wir von 1. Mose 2 aus noch mal auf die Erschaffung des Menschen. Da werde ich hier noch ein bisschen zurückkommen und so kann ich ganz fröhlich sagen: Ach, kommen Sie doch morgen ganz einfach wieder. Ich mache das hier heute ganz kurz.

Das Vorbild für den Menschen ist aus der himmlischen Welt genommen. Und die Gottesbildlichkeit, die Gelehrten haben immer wieder gefragt: Worin besteht sie denn? Das weiß ich nicht, weder heute noch morgen. Aber wozu sie da ist, das werde ich morgen nicht anders sagen als heute. Orientalische Könige haben gerne Statuen von sich in entfernten Reichsteilen aufgestellt, damit deutlich ist, wer der Herr ist. Genau davon redet unser Text. Die Menschen sollen ein Abbild Gottes in Gottes Schöpfung sein, damit in der Schöpfung deutlich wird, dass Gott der Herr ist. Davon ist die Rede: Menschen, geschaffen zum Bild Gottes, die sollen herrschen über die Vögel, über die Fische, über das, was sonst noch an Getier da ist, natürlich nicht eigenmächtig neben Gott. Niemand und nichts steht aus eigenem Recht neben Gott, sondern unter Gott als

Sachwalter Gottes. Das ist dann zugleich eine Platzanweisung, aber darauf kommen wir morgen noch.

Auch auf den letzten Schöpfungstag möchte ich jetzt nicht mehr eingehen. Das sind die ersten Verse von Kapitel 2. Es ist kein eigenes Schöpfungswerk mehr, sondern es ist der Abschluss der Schöpfung durch das Ruhen Gottes. Und damit soll vor allem eins unterstrichen werden: Die Schöpfung ist fertig. Gott hat nicht irgendwann den Spaß an der Schöpfung verloren und gesagt: Nun lass die Sache laufen und halb fertig vor sich hingammeln. Sondern Gott hat die Welt zu Ende erschaffen. Das hat mit andern Worten im Grunde schon der letzte Vers des ersten Kapitels gesagt: *Und Gott sah alles an, was er gemacht hatte und siehe, es war sehr gut.* Auch das ist ein Glaubenssatz. Die Schreiber unseres Textes haben vor zweieinhalb Jahrtausenden ihre Welt nicht nur als gut und schon gar nicht als vollkommen sehr gut erfahren. Und wir heute auch nicht. Vieles ist faszinierend schön in unserer Welt, aber nicht alles. Auch das ist ein Glaubensbekenntnis: Die Welt, wie Gott sie geschaffen hat, ist vollkommen. Gott hat nicht gepfuscht und Gott hat keine halbe Arbeit gemacht. Das sagt auf seine Weise der letzte Vers in Kapitel 1 und das unterstreicht das Reden vom Ruhen Gottes am Abschluss unseres Schöpfungsberichtes in den ersten Versen von Kapitel 2. Zugleich ist damit von der Zeit, die von Gott mit der Schöpfung in Gang gesetzt ist, die Rede, und das ist keine Nur-Arbeitszeit. Das ist eine gegliederte Zeit. Sechs Tage hat Gott als Schöpfer gearbeitet – im Bild des Handwerkers – aber die Zeit, die mit der Schöpfung beginnt, hat ihren Sinn nicht in endloser Arbeit, sondern die Tage der Arbeit laufen auf diesen herausgesonderten, von Gott ausgesonderten und von Gott gesegneten Ruhetag hinaus.

Heute stand im „Hamburger Abendblatt": Bald fallen alle Ladenschlussgesetze. Das bekommt unserer Wirtschaft. Viele Menschen meinen heute: Diese Gliederung der Zeit, wie Gott sie nach dem Zeugnis unseres Schöpfungsberichtes vorgesehen hat, die brauchen wir Menschen nicht. Ich glaube, das ist eine arge Selbsttäuschung, aber das wäre ein anderes Thema.

Fassen wir die Gesichtspunkte, die wir heute bedacht haben, zusammen. Unser Text entfaltet das Zeugnis von Gottes Schöpfung und will uns damit eben nicht nur Information zur Kenntnis geben, sondern will uns zu gleichem Bekenntnis aufrufen. Unser Text stellt uns Gott als Schöpfer vor Augen, der hoch erhaben ist über all seiner Schöpfung und der ihr zugleich liebevoll nahe und freundlich zugewandt ist. Beides charakterisiert in unserem Text den Schöpfer Himmels und der Erden. Unser Text rühmt Gott als den, der allein Gott ist, neben dem niemand und nichts aus eigener Macht besteht. Unser Text weist uns – das müssen wir morgen weiter bedenken – in unseren Platz unter Gott als seine Sachwalter in seiner Welt ein. Unser Text lädt uns ein, im Lob des Schöpfers und im Entfalten des Zeugnisses von seiner Schöpfung nicht die geringste Ängstlichkeit gegenüber wissenschaftlichen Erkenntnissen zu entwickeln. So unkompliziert, wie die Verfasser unseres Textes den damals neuesten Stand der wissenschaftlichen Welterkenntnissen aufgenommen haben, um das Zeugnis von Gottes Schöpfung zu entfalten, so dürfen wir das auch tun. Ich habe den Studierenden in Bielefeld bei meinem Vortrag damals gratuliert und gesagt: „Da habt ihr es besser als ich armer Historiker. Ihr versteht mehr von der Entstehung und Gestalt der Welt. Ihr könntet viel sachgemäßer das tun, was unser Text tut, und dazu lädt unser Text euch ein. Nehmt das auf, was unser Text bekennt und dann nehmt fröhlich eure wissenschaftlichen Erkenntnisse rein und entfaltet dann gerne in eurer Sprache das Zeugnis von Gott, der Himmel und Erde geschaffen hat, zum Lob dieses Gottes." Das tut unser Text auf dem Stand der Erkenntnis von vor zweieinhalbtausend Jahren und das dürfen wir getrost unter Zuhilfenahme unserer heutigen Kenntnisse tun. Da muss niemand irgendeine Wissenschaft verteufeln. Unser Text lädt uns ein, das Lob des Schöpfers selbst zu singen und anderen weiterzusagen.

Mittwoch, 15.03.2006

2. Abend der Bibeltage

Als Gott der Herr Himmel und Erde machte
Eine ältere Erzählung von Gottes Schöpfung
(1. Mose 2,4b–25)

Nachträgliche schriftliche Ausarbeitung des Vortrages durch Joachim Molthagen.

Textlesung 1. Mose 2, 4b–25:

4b Zur Zeit, da Gott der Herr Erde und Himmel machte – 5 noch gab es aber kein Gesträuch des Feldes auf Erden und noch wuchs kein Kraut auf dem Felde; denn Gott der Herr hatte noch nicht regnen lassen auf die Erde und es war kein Mensch da, den Boden zu bebauen; 6 ein Wasserschwall aber brach hervor aus der Erde und tränkte alles Land – 7 da bildete Gott der Herr den Menschen aus Erde vom Ackerboden und hauchte ihm Lebensodem in die Nase; so ward der Mensch ein lebendes Wesen.

8 Dann pflanzte Gott der Herr einen Garten in Eden gegen Osten und setzte den Menschen darein, den er gebildet hatte. 9 Und Gott der Herr ließ allerlei Bäume aus der Erde wachsen, lieblich anzusehen und gut zu essen, und den Baum des Lebens mitten im Garten und den Baum der Erkenntnis des Guten und des Bösen.

10 Es entspringt aber ein Strom in Eden, den Garten zu bewässern; von da aus teilt er sich in vier Arme: 11 der erste heißt Pison; das ist der, welcher das ganze Land Hawila umfließt, wo das Gold ist; 12 und das Gold jenes Landes ist köstlich. Da findet man auch das Bdellionharz und den Edelstein Soham. 13 Der zweite Fluss heißt Gihon; das ist der, welcher das ganze Land Kusch umfließt. 14 Der dritte Fluss heißt Hiddekel [d. i. Tigris]; das ist der, welcher östlich von Assur fließt. Der vierte Fluss ist der Euphrat.

15 Und Gott der Herr nahm den Menschen und setzte ihn in den Garten Eden, dass er ihn bebaue und bewahre.

16 Und Gott der Herr gebot dem Menschen und sprach: Von allen Bäumen im Garten darfst du essen; 17 nur von dem Baume der Erkenntnis des Guten und des Bösen, von dem darfst du nicht essen; denn sobald du davon issest, musst du sterben.

18 Und Gott der Herr sprach: Es ist nicht gut, dass der Mensch allein sei. Ich will ihm eine Hilfe schaffen, die zu ihm passt.

19 Da bildete Gott der Herr aus Erde alle Tiere des Feldes und alle Vögel des Himmels und brachte sie zum Menschen, um zu sehen, wie er sie nennen würde; und ganz wie der Mensch sie nennen würde, so sollten sie heißen. 20 Und der Mensch gab allem Vieh und allen Vögeln des Himmels und allen Tieren des Feldes Namen; aber für den Menschen fand er keine Hilfe, die zu ihm passte,

21 Da ließ Gott der Herr einen Tiefschlaf auf den Menschen fallen, sodass er einschlief. Und er nahm eine von seinen Rippen heraus und schloss die Stelle zu mit Fleisch. 22 Und Gott der Herr baute eine Frau aus der Rippe, die er vom Menschen genommen hatte, und führte sie dem Menschen zu. 23 Da sprach der Mensch: «Diese ist nun endlich Gebein von meinem Gebein und Fleisch von meinem Fleische. Die soll Männin heißen; denn vom Mann ist sie genommen.» 24 Darum verlässt der Mann Vater und Mutter und hängt seiner Frau an und sie werden e i n Leib.

25 Und die beiden, der Mensch und seine Frau, waren nackt und schämten sich nicht.

Wie schon in dem gestern betrachteten Text (1. Mose 1,1-2,4a) geht es heute Abend noch einmal um das Thema Schöpfung. Unser heutiges Kapitel wird in der Regel als der „2. Schöpfungsbericht" bezeichnet; und das geht auch in Ordnung, solange wir dabei wahrnehmen, dass unser Text in seinem Zeugnis von der Schöpfung Gottes durchaus seine eigenen Akzente setzt. In ihm steht die Erschaffung des Menschen deutlich im Mittelpunkt.

Dass wir es mit einem ganz andersartigen Schöpfungsbericht zu tun haben als im Kapitel zuvor, ist nicht zu übersehen. Statt des Lehrhaften ist der Erzähl-charakter stärker ausgeprägt. So wird z.B. das Schöpfungshandeln Gottes nicht in sehr verschiedenen Worten und Vorstellungen ausgesagt, sondern eigent-lich immer im Bild des Handwerkers und Gärtners. (In unserem Text kommt das schaffende Befehlswort Gottes nicht vor, und auch von seinem Ordnung stiftenden Handeln durch das „Scheiden" bzw. Trennen ist nicht die Rede.)

Anders ist in unserem Text auch die Gottesbezeichnung. In 1. Mose 1 lautet sie „Elohim" („Gott"), in 1. Mose 2 dagegen „JHWH Elohim" („Gott der Herr"). Un-ser Text gehört nämlich zu einem in unsere 5 Bücher Mose eingegangenen Er-zählfaden, der von Anfang an den alttestamentlichen Gottesnamen JHWH (Jahwe, in unseren Bibelübersetzungen in der Regen als „der Herr" wiederge-geben) gebraucht, nicht erst seit der Offenbarung dieses Namens an Mose am brennenden Dornbusch (2. Mose 3). Dieser Erzählstrang ist, so lautet das Ur-teil der allermeisten Alttestamentler, in der israelitischen Königszeit verfasst worden. Als ich in den 1960er Jahren studierte, dachte man zumeist an die Regierungszeit des Königs Salomo (er starb 926 v.Chr.). Inzwischen nehmen viele Ausleger eine spätere Entstehungszeit an. Auf jeden Fall aber ist unser Text im Vergleich zu dem gestern betrachteten Kapitel 1. Mose 1, das seine uns vorliegenden Fassung erst nach der babylonischen Gefangenschaft erhal-ten hat, älter. Unser Schöpfungsbericht ist also der „zweite" bezogen auf die Reihenfolge in unserer Bibel, nicht von der zeitlichen Entstehung her.

Wie das gestern betrachtete Kapitel gibt auch unser heutiger Text nicht den Bericht eines Reporters wieder, der Gott etwa bei der Schöpfung hätte über die Schulter schauen können, der dabei die Zeit hätte messen können, die Gott für sein Schöpfungshandeln benötigte, und der genau hätte dokumentieren können, was Gott bei seiner Schöpfung im Einzelnen tat und wie er verfuhr. Vielmehr ist auch unser heutiger Text 1. Mose 2, 4b-25 ein Glaubenszeugnis. Er bezeugt Gott als den Schöpfer und weist uns darauf hin, wie Gott zu uns ist und welchen Platz er uns Menschen zugedacht hat. Eben deshalb lautet das Motto unserer Bibeltage ja nicht „Die Anfänge der Welt und ihrer Geschichte", sondern „Grundeinsichten des Glaubens".

Wie der gestern betrachtete Text nimmt unser Kapitel 1. Mose 2 viele Inhalte und Vorstellungen auf, die sich auch bei den Nachbarvölkern des alttestamentlichen Israel finden und die es vielleicht von dort gelernt hatte. Das Motiv etwa, dass eine Gottheit den Menschen aus Lehm oder Erde bildete, begegnet häufiger. Auch den späteren Griechen und Römern war diese Vorstellung geläufig. Sie erzählten sich die Geschichte von Prometheus, der den Menschen aus Lehm bildete. Ich zitiere dazu einige Verse von Ovid, einem römischen Dichter, der zur Zeit des Augustus lebte. In seinem Werk „Metamorphosen" (Verwandlungen) spielt er mit folgenden Worten auf die Erschaffung des Menschen durch Prometheus an (I, 78-83 und 87-88):

Und es wurde der Mensch. Mag sein, dass der Meister der Dinge,
er, der Ursprung der besseren Welt, ihn aus göttlichem Samen
schuf, mag sein, dass Erde, die jüngst erst getrennt von dem hohen
Äther, den Samen vom ursprungverwandten Himmel behalten.
Erde, die dann des Iapetus Sohn (Prometheus), *vermengt mit des Regens*
Wassern, geformt nach dem Bilde der alles lenkenden Götter.
...
So verwandelt nahm da die Erde, die eben noch roh und
ungestaltet gewesen, des Menschen neue Gestalt an.

Wir sehen also, dass sich manche Motive und Erzählelemente unseres Textes auch außerhalb der Bibel finden. Nicht sie sind das Besondere. Typisch biblisch ist aber wieder die Art und Weise, wie unser Kapitel von Gott und von seinem Verhältnis zu uns Menschen redet. Das ist nicht zufällig so. Unser Text ist ja von Menschen geschrieben worden, die für sich persönlich und in der Geschichte ihres Volkes dem lebendigen Gott begegnet waren und vielfältige Erfahrungen mit ihm gemacht hatten. Auch der 2. Schöpfungsbericht spricht eben „Grundeinsichten des Glaubens" aus.

[Pause und Lied]

Nun lade ich dazu ein, genauer in unseren Text hineinzuhören und seine einzelnen Aussagen zu würdigen. Der erste Satz gibt uns die besondere Thematik unseres Kapitels an. Er beginnt mit Vers 4b und findet – nach einem längeren Gedankeneinschub – seine Fortsetzung in Vers 7: *Zur Zeit, da Gott der Herr Erde und Himmel machte, da bildete Gott der Herr den Menschen aus Erde vom Ackerboden ...* Damit ist von vornherein gesagt, dass es in unserem Schöpfungsbericht zentral um die Erschaffung des Menschen geht. Die Erschaffung des Weltgebäudes, das der erste Schöpfungsbericht zu Beginn darstellt, ist für unser Kapitel kein eigenes Thema; darauf verweist es nur im Sinne eines zeitlichen und sachlichen Zusammenhanges: *Zu der Zeit, da Gott der Herr Erde und Him-*

mel machte ... Unser Text hat im Vergleich mit dem vorangehenden Kapitel einen begrenzteren Horizont; er interessiert sich weniger für die Welt im allgemeinen, für ihn steht die Erschaffung des Menschen im Mittelpunkt.

Eingeschoben ist in den ersten Satz unseres Schöpfungsberichtes mit Vers 5 so etwas wie eine Darstellung von einem Urzustand, und das geschieht in sehr charakteristischer Weise. Unser Text sagt gleichsam: Denkt euch alles weg, was euch vertraut ist, dann erhaltet ihr eine ungefähre Vorstellung vom Urzustand. Es ist ein negatives Verfahren, durch das so etwas wie ein Urzustand angedeutet wird: *Noch gab es aber kein Gesträuch des Feldes auf Erden und noch wuchs kein Kraut auf dem Felde; denn Gott der Herr hatte noch nicht regnen lassen auf die Erde, und es war kein Mensch da, den Boden zu bebauen.* In sehr ähnlicher Weise beginnt auch ein babylonisches Weltschöpfungslied, das auf Keilschrifttafeln erhalten ist, mit einer Andeutung des Urzustandes; und auch dort geschieht das im Negativverfahren, indem gesagt wird, was alles noch nicht da war. – In 1. Mose 2,6 heißt es dann (noch innerhalb des großen Gedankeneinschubes in den ersten Satz unseres Textes), dass ein Wasserschwall aus der Erde hervorbrach und alles Land tränkte. Damit wird der Fortgang des ersten Satzes in Vers 7 vorbereitet, dass Gott den Menschen aus Erde vom Ackerboden bildete. Bei losem Wüstensand wäre das schwierig vorzustellen, und unser Schöpfungsbericht wurde ja überliefert und aufgeschrieben nicht von Norddeutschen, sondern von Leuten, die in der Nähe von Wüsten lebten.

Da bildete Gott der Herr den Menschen aus Erde vom Ackerboden und hauchte ihm Lebensodem in die Nase; so wurde der Mensch ein lebendes Wesen. So beschreibt unser Text in Vers 7 die Erschaffung des Menschen. Für das Verständnis dieser Sätze ist es wichtig, dass wir genau auf die Formulierung achten und sie nicht im Sinne griechischen Denkens umdeuten. Gedacht ist nicht an eine Trennung oder gar einen Gegensatz von Körper und Geist/Seele, so als ob unser Leib eben aus Erde gemacht und deshalb vergänglich sei, dagegen unser Geist und unsere Seele das Göttliche und deshalb das Unvergängliche an uns seien. In unserem Text heißt es eben nicht: ... so erhielt der Mensch eine lebendige Seele, sondern: *So wurde der Mensch ein lebendes Wesen.* Unser Text bezeugt, dass wir Menschen ganz, also mit Leib, Seele und Geist, von Gott geschaffen sind. Und Gottes Schöpfungshandeln erzählt unser Text als Formung aus Erde vom Ackerboden und Einhauchen von Lebensodem.

Die folgenden Verse führen aus, wie Gott durch sein Schöpfungshandeln um den Menschen herum die von Pflanzen bedeckte und mit Tieren gefüllte Erde entstehen lässt. Dabei ist der Leitgedanke Gottes freundliche Zuwendung zu und seine Fürsorge für den Menschen. Zunächst geht es in V 8-15 um die Pflanzen: *Dann pflanzte Gott der Herr einen Garten in Eden gegen Osten und setzte den Menschen darein, den er gebildet hatte.* So fasst Vers 8 dieses Schöpfungshandeln Gottes zusammen. Die Verse 9 und 15 führen das weiter aus. Wir hören von allerlei Bäumen, lieblich anzusehen und gut zu essen. Und dann ist noch von zwei besonderen Bäumen die Rede, dem Baum des Lebens mitten im Garten und dem Baum der Erkenntnis des Guten und Bösen (V 9). Was es mit diesen Bäumen auf sich hat, wird zunächst nicht gesagt. Auskunft über den Baum der Erkenntnis des Guten und Bösen erhalten wir bereits in unserem Kapitel in Vers 16, während der Baum des Lebens erst am Ende des folgenden Kapitels wieder erwähnt wird (1. Mose 3, 22 und 24).

Dass Gott den üppigen Garten für den Menschen geschaffen hat, deutet bereits der Schluss von V 8 dadurch an, dass Gott den Menschen in den Garten setzte. V 15 nimmt diesen Gedanken wieder auf: *Und Gott der Herr nahm den Menschen und setzte ihn in den Garten Eden, dass er ihn bebaue und bewahre.* Gott beauftragt den Menschen also mit der Pflege des Gartens. Das macht einerseits deutlich, dass die Abwesenheit von Arbeit, die wir so gerne mit unseren Vorstellungen von einem „Paradies" verbinden, in unserem Text nicht vorkommt. Wichtiger ist aber etwas anders: Am Ende von Vers 15 formuliert unser Text einen Schöpfungsauftrag Gottes an den Menschen, der einen etwas anderen Akzent setzt als der Schöpfungsauftrag, den wir in 1. Mose 1,28 kennengelernt haben. Dort heißt es: *Füllet die Erde und machet sie euch untertan.* Dieser Satz ist in seiner Wirkungsgeschichte nur zu gerne verstanden worden als ein Freibrief zu einer grenzenlosen Ausnutzung und Ausbeutung der Natur. Eine solche Deutung erweist sich aber schon im Blick auf den Zusammenhang in 1. Mose 1 als ein Missverständnis. Denn dort ist ja ausdrücklich davon die Rede, dass die Menschen nach dem Bild Gottes geschaffen sind, damit sie als seine Sachwalter und unter ihm über die Tierwelt herrschen. Das schließt Eigenmächtigkeit gerade aus. Der Schöpfungsauftrag, „den Garten zu bebauen und zu bewahren", wie ihn 1. Mose 2,15 formuliert, steht also inhaltlich nicht im Widerspruch zu 1. Mose 1,28, er setzt vielmehr durch seine Formulierung in hilfreicher Weise den Akzent so deutlich auf die Pflege und das Bewahren der Schöpfung Gottes, dass jedes Missverständnis ausgeschlossen ist. Ich denke, an diesem Punkt können wir ein wenig ahnen, wie gut es ist, dass wir beide Schöpfungsberichte in unserer Bibel haben, und warum es Gott gefallen hat, beide Texte in sein Wort an uns eingehen zu lassen. (Leider müssen wir aber eingestehen, dass die Wichtigkeit eines pfleglichen Umganges mit der Natur in unserer Zeit nicht vordringlich von den Christen angemahnt worden ist, die dies aus der Bibel immer schon hätten wissen können, sondern dass die Wichtigkeit des Themas Umweltschutz ganz stark von

Nichtchristen betont worden ist. Manchmal bedient sich Gott eben anderer Menschen, wenn seine Kinder nicht sorgfältig genug auf sein Wort achten.)

Auch in den Abschnitt V 8-15, der von dem Pflanzen des Gartens handelt, ist mit den Versen 10-14 ein inhaltlich etwas anderer Gedankeneinschub eingefügt. Von einem Strom ist die Rede, der im Garten Eden entspringt, ihn bewässert und sich dann in vier Arme teilt. Die Namen der ersten beiden Arme, Pison und Gihon, sind aus der Welt des Altertums nicht als Flussnamen bekannt; die Worte bedeuten 'mutwillig springen' und 'hervorbrechen/sprudeln'. Die anderen beiden Namen, Hiddekel (Tigris) und Euphrat, verweisen auf bekannte Ströme des Orients. Sie stellen also eine Verbindung zu unserer Welt her, genau wie die in V 10-14 gegebenen landeskundlichen Informationen. Die Verse verbinden also erdkundliches Wissen über unsere Welt mit der Erzählung von Gottes Schöpfung. Sie stellen damit eine Beziehung her zwischen dem Schöpfungshandeln Gottes und unserer Welt. Sie bringen zum Ausdruck, dass die großen Wasseradern unserer Erde ihren Ursprung in dem Strom haben, der zunächst den von Gott geschaffenen Garten in Eden bewässerte. Wir leben also immer noch von dem Wasserreichtum, den Gott im Zuge seines Schöpfungshandelns für seinen Garten hervorgebracht hatte. Zugleich sollen wir über die überreiche Bewässerung des von Gott gepflanzten Gartens staunen. Nachdem dieser versorgt ist, reicht der Rest an Wasser immer noch aus, die großen Ströme unserer Welt zu speisen. Was das an Reichtum und Lebensqualität bedeutet, können wir Norddeutsche wohl kaum ermessen. Aber wer in der Nähe von Wüsten lebt, der begreift sofort, wie hilfreich und wohltuend eine so gesicherte Wasserversorgung ist.

Und Gott der Herr gebot dem Menschen und sprach: Von allen Bäumen im Garten darfst du essen; nur von dem Baume der Erkenntnis des Guten und des Bösen, von dem darfst du nicht essen; denn sobald du davon issest, musst du sterben. Gott gibt dem Menschen sein Gebot, so fahren die Verse 16-17 fort. Und wieder ist der Leitgedanke Gottes freundliche Zuwendung und seine Fürsorge für den Menschen. Überaus großzügig gibt Gott dem Menschen fast alle Bäume im Garten zur Nahrung frei. Das ist ein großes Geschenk; und es zeigt sich bereits hier, dass der Gott, den die Bibel bezeugt, schenkend auf uns zu kommt, wenn er uns sein Gebot gibt. Wenn Gott dann einen Baum ausnimmt und sagt: „Nur von dem Baum der Erkenntnis des Guten und Bösen darfst du nicht essen", dann ist der Sinn dieses Gebotes nicht die Unterdrückung des Menschen, sondern die Bewährung seines freien Gehorsams. Es gehört zu den Grundaussagen der Bibel, dass Gott uns Menschen eben nicht als Marionetten geschaffen, sondern uns zu seinem freien Gegenüber berufen hat. Er hat uns nicht willenlos und auch nicht als Sklaven geschaffen, sondern uns unseren Platz unter ihm zugewiesen, und er möchte, dass wir diesen Platz von uns aus annehmen. Er zwingt uns nicht, sondern er beschenkt und beauftragt uns, er stellt uns an unseren Platz und möchte, dass wir ihn in freiem Gehorsam ausfüllen. So kommt Gott auch heute auf uns zu mit der Guten Nachricht von Jesus, dem Christus, und dieses Evangelium hat nicht den Charakter einer Nötigung, sondern ist eine Einladung an alle.

Sobald du davon (vom Baum der Erkenntnis des Guten und des Bösen) *issest, musst du sterben* (V 17). Das ist einerseits eine klare Gerichtsankündigung, aber vielleicht schwingt darin auch noch einmal die schützende Freundlichkeit Gottes mit. Denn „Gut und Böse" steht im Alten Testament für „alles"; „weder Gutes noch Böses sagen" bedeutet, nichts zu sagen, zu schweigen. Das Gute und das Böse zu erkennen meint also, alles zu erkennen. Und dem sind wir Menschen ja wohl kaum gewachsen. Schon heute erschrecken wir vor den Möglichkeiten, die menschliche Erkenntnis uns erschließt. Ich denke an die Atomtechnik. Aktuell führt uns die weltweite Sorge um die atomaren Pläne des Iran vor Augen, welches Unheil menschliches Wissen und Können anzurichten vermögen. Oder ich denke an die Zellforschung. Mit Recht diskutieren wir auch in diesem Wissensbereich, ob wir Menschen wirklich in der Lage sind, mit neuen Erkenntnissen immer nur verantwortungsvoll und hilfreich umzugehen. Dabei wissen und können wir Menschen immer noch längst nicht „alles". So mag es Ausdruck der Fürsorge Gottes sein, wenn er uns Menschen nicht mit dem Wissen um alles und dem Beherrschen aller Dinge leben lässt, und eben das heißt in der Sprache unseres Textes: „mit der Erkenntnis des Guten und des Bösen".

Schließlich verdient noch die Formulierung der Gerichtsankündigung in Vers 17 genau beachtet zu werden. Dort heißt es nicht: Sobald du davon issest, wirst du sterblich. Dass der Mensch im Garten Eden unsterblich gewesen sei, steht nicht in unserem Text! Vielmehr heißt es: *Sobald du davon issest, musst du sterben.* Wenn wir morgen das nächste Kapitel 1. Mose 3 miteinander bedenken, wird uns auffallen, dass Gott, nachdem die Menschen gegen sein Gebot verstoßen haben, ihrem Leben nicht sofort ein Ende setzt. Gott vollstreckt also das Gericht über die Sünde der Menschen nicht buchstäblich in der Weise, wie es in unserem Text angekündigt wird. Er tut es nicht, weil er nicht davon lassen kann, der Barmherzige zu sein und uns Menschen gnädig zu begegnen. Doch das müssen wir morgen im Zusammenhang des Kapitels 1. Mose 3 genauer bedenken.

Der Vers 18 leitet in unserem Text 1. Mose 2 einen neuen Abschnitt im Schöpfungshandeln Gottes ein: *Und Gott der Herr sprach: Es ist nicht gut, dass der Mensch allein sei. Ich will ihm eine Hilfe schaffen, die zu ihm passt.* Dem hier formulierten Urteil Gottes wird auch heute kaum jemand widersprechen. Gemeinschaft ist für uns Menschen wichtig; in der Isolation kann erfülltes Leben nicht gelingen. Das wird unter uns nicht ernsthaft bestritten. Zwar verliert unsere Gesellschaft zunehmend die Bereitschaft und die Fähigkeit, dauerhafte Verbindungen zu pflegen, aber allein und einsam möchte wohl doch niemand sein. Vielfältige Gemeinschaftsangebote in Gestalt von Vereinen, Gruppen und Veranstaltungen einerseits und die Klagen gerade älterer Menschen über Einsamkeit andererseits können das bestätigen. *Ich will ihm eine Hilfe schaffen, die zu ihm passt.* Diese Konsequenz zieht Gott aus seinem Urteil. Wieder stoßen wir auf den roten Faden, der den ganzen zweiten Schöpfungsbericht durchzieht, auf den Leitgedanken von der freundlichen Zuwendung und Fürsorge Gottes für den Menschen. *Da bildete Gott der Herr aus Erde alle Tiere des Feldes und alle Vögel des Himmels* (V 19). Als Hilfe für den Menschen erschafft Gott nun die Tiere. Dabei stellt unser Text das Schöpfungshandeln Gottes nicht ganz genau in derselben Weise dar wie der erste Schöpfungsbericht, und das ist auch nicht verwunderlich. Denn beide Schöpfungsberichte bieten ja nicht eine Reportage über Gottes Schöpfungshandeln, sondern sie geben Zeugnis von Gott als dem Schöpfer, und sie bedienen sich dabei unterschiedlicher Ausdrucksmittel und Darstellungsformen.

Gott bringt die von ihm erschaffenen Tiere zum Menschen, *um zu sehen, wie er sie nennen würde; und ganz wie der Mensch sie nennen würde, so sollten sie heißen.* Auf diese Weise drückt in unserem Text der Vers 19 aus, was der erste Schöpfungsbericht mit dem Auftrag Gottes an die Menschen, über die Tiere zu herrschen, sagt. Denn die Namensgebung schließt ein Herrschaftsverhältnis ein. Wer in der Lage ist, jemandem einen Namen zu geben, der steht höher als er und hat Macht über ihn. Das zeigt sich etwa daran, dass der ägyptische Pharao Necho, nachdem er König Joahas von Juda gefangen genommen hatte, dessen Bruder Eljakim zum König in Jerusalem einsetzte und dabei seinen Namen veränderte; Eljakim hieß fortan Jojakim (2. Kön. 23,34). Ganz entsprechend machte der babylonische König Nebukadnezar nach der ersten Eroberung Jerusalems Matthanja zum König und gab ihm dabei den Namen Zedekia (2. Kön. 24,17). Auch in unserem Schöpfungsbericht drückt die Benennung der Tiere durch den Menschen ein Herrschaftsverhältnis aus. Der Mensch gab den Tieren ihre Namen, aber, so fährt Vers 20 fort, *für den Menschen fand er keine Hilfe, die zu ihm passte.* Die Absicht Gottes, den Menschen nicht alleine sein zu lassen, war mit der Erschaffung der Tiere also noch nicht an ihr Ziel gekommen.

Da ließ Gott der Herr einen Tiefschlaf auf den Menschen fallen ... Und er nahm eine von seinen Rippen heraus und schloss die Stelle zu mit Fleisch. Und Gott der Herr baute eine Frau aus der Rippe ... und führte sie dem Menschen zu (V 21-22). So erzählt nun unser Text die Erschaffung der Frau. Dabei dürfte das Motiv, dass Gott die Frau aus einer Rippe des Mannes baute, mit Beobachtungen an unserem menschlichen Körper zusammenhängen. Die Rippen umschließen ja nur unseren Oberkörper, nicht den Unterleib. Wichtiger ist für unseren Text aber, was der nächste Vers (23) aussagt. Nachdem Gott die Frau zum Mann geführt hat, kann dieser nur noch jubeln: *Diese ist nun endlich Gebein von meinem Gebein und Fleisch von meinem Fleische. Die soll Männin heißen; denn vom Mann ist sie genommen.* Mann und Frau gehören ganz zusammen, sie passen völlig zueinander. Das bringt die Benennung der Frau zum Ausdruck, die im hebräischen Text mit einem Wortspiel arbeitet, das im Deutschen kaum wiederzugeben ist. Im Hebräischen lautet das Wort für Mann „Isch" und für Frau „Ischschah". Man konnte hier also einen Anklang heraushören und, da die Endung „-ah" im Hebräischen oft die weibliche Form eines Wortes bezeichnet, bei „Ischschah" an eine weibliche Form des Wortes „Isch" denken, so wie es unsere deutschen Übersetzungen in der Regel mit der Verwendung der Wörter „Mann" und „Männin" wiedergeben. (Angemerkt sei, dass sprachgeschichtlich die hebräischen Wörter „Isch" und „Ischschah" zu ganz verschiedenen Wortstämmen gehören; eine gewisse Ähnlichkeit ergibt sich nur aus dem Wortklang.)

Dadurch, dass der Jubel des Mannes über die Frau das völlige Zusammenpassen und das vollständige Zueinandergehören von Mann und Frau betont, wird schon deutlich, dass unser Schöpfungsbericht hier nicht nur von der Erschaffung der Menschen erzählt, sondern einen Bezug herstellt zu unserer Lebenswelt. Er spricht von der Ehe, die er – genau wie Jesus in seiner Antwort auf die Frage nach der Ehescheidung (Markus 10, 6-9) – mit Gottes Schöpfung verbindet. Der nächste Vers (24) unterstreicht das noch: *Darum verlässt der Mann Vater und Mutter und hängt seiner Frau an, und sie werden ein Leib.* Der Satz erzählt nicht mehr die Erschaffung der Menschen durch Gott, sondern handelt von Erfahrungen und Erscheinungen, die wir aus unserer Welt kennen. Er spricht von der Ehe als der umfassenden, alle Bereiche des Lebens und der Person umschließenden Gemeinschaft, in die natürlich auch die leiblich-geschlechtliche Gemeinschaft von Mann und Frau eingeschlossen ist. Unser Text bezeugt: Die Ehe wurzelt in Gottes Schöpfung. Von daher möchte ich noch einmal auf den kurzen Satz am Ende von Vers 22 zurückkommen: Gott *führte sie* (die Frau) *dem Menschen zu.* Ich denke, das ist auch für uns heute verheißungsvoll und eine wichtige Grundlage für eine gelingende Ehe, dass Gott Mann und Frau zusammenführt und miteinander verbindet. Meinem Vater bin ich sehr dankbar, dass er mir bereits als Teenager den Rat gab, Gott darum zu bitten, mich zu seiner Zeit mit der Frau zusammenzuführen, mit der er mich verbinden wolle. Ich habe diesen Rat befolgt und kann im Blick auf meine Lebensgeschichte nur überaus dankbar bezeugen, in wie guter Weise Gott dieses Gebet erhört hat.

Aus dem Schlussteil unseres Textes wird häufig die Meinung abgeleitet, dass eine Überordnung des Mannes über die Frau der Schöpfungsordnung Gottes entspreche und in Gottes Schöpfung begründet sei. Ähnliche Gedanken äußert im 1. Korintherbrief auch Paulus (1. Kor. 11, 7-9). Es ist ja auch offenkundig, dass unser zweiter Schöpfungsbericht zuerst die Erschaffung des Menschen ("der als Mann vorgestellt ist,) erzählt und erst später die Erschaffung auch der Frau. Ferner will Gott dem Menschen/Mann mit der Frau eine Hilfe (Luther übersetzte: eine Gehilfin) schaffen. Beides weist auf eine Vorrangstellung des Mannes hin; und es kann auch keinen Zweifel darüber geben, dass Verfasser und Leser in alttestamentlicher Zeit das so gesehen haben. Aber daraus eine Schöpfungsordnung Gottes abzuleiten, erscheint mir doch als etwas voreilig. Es ist nämlich zu bedenken, dass unser Text durchaus nicht auf die Herrschaft des Mannes über die Frau hinausläuft, sondern auf das völlige Zusammengehören und Einswerden von Mann und Frau. Darüber jubelt der Mann, voller Dank gegen Gott. Zum anderen sollte, wenn es um die Schöpfungsordnung Gottes geht, unser zweiter Schöpfungsbericht nicht gegenüber dem ersten verabsolutiert werden. Der kennt gerade keine Über- oder Unterordnung im Verhältnis von Mann und Frau, sondern nennt beide in einem Atemzug und in gleicher Weise als Geschöpfe Gottes: *Gott schuf den Menschen nach seinem Bilde, nach dem Bilde Gottes schuf er ihn; als Mann und Frau schuf er sie* (1. Mose 1,27). Schließlich wird, gerade was die Stellung der Frau betrifft, unser zweiter Schöpfungsbericht leicht unterschätzt. Durch einen Gastvortrag eines Orientalisten über babylonische Schöpfungserzählungen lernte ich, dass sie nirgends die Erschaffung der Frau darstellen. Sie erzählen nur von der Erschaffung des Menschen, der wie in unserem Text als Mann vorgestellt wird. Dass es dann auch die Frau gibt, wird vorausgesetzt, aber nicht eigens dargestellt. Nur in einem Text aus der Welt des alten Orients erscheint die Erschaffung der Frau als eigenes Erzählthema – eben in unserem zweiten Schöpfungsbericht. Als ich das hörte, ist meine Freude an der Bibel um einen Punkt reicher geworden. Einmal mehr zeigte sich mir, dass die Bibel anderen Texten gegenüber immer wieder einen deutlichen Schritt voraus ist. So würdigt unsere in mancher Hinsicht sehr altertümlich anmutende Schöpfungserzählung, verglichen mit außerbiblischen Darstellungen aus der Welt des alten Orients, die Frau in einer herausgehoben hohen Weise, indem sie ihre Erschaffung zu einem eigenen Gegenstand der Darstellung erhebt. Unser zweiter Schöpfungsbericht steht damit, was das Verhältnis der Geschlechter zueinander betrifft, dem ersten Schöpfungsbericht sehr viel näher, als es auf den ersten Blick aussieht.

Und die beiden, der Mensch und seine Frau, waren nackt und schämten sich nicht (V 25). Mit dieser Bemerkung schließt unser Schöpfungsbericht. Noch einmal ist die umfassende Gemeinschaft und das völlige Zusammengehören von Mann und

Frau angesprochen, und wir erfahren: Diese Gemeinschaft besteht ganz ungefährdet von negativen Erfahrungen ohne Scham und Furcht voreinander. Eine vollkommene Harmonie im Verhältnis von Mann und Frau wird angedeutet, die in der Tat „paradiesisch" ist. Das nächste Kapitel 1. Mose 3, die Geschichte vom Sündenfall und seinen Folgen, zeigt, dass es nicht dabei geblieben ist. Unser sündiges menschliches Wesen bringt andere Akzente in unser Leben, die sich auch auf das Verhältnis von Mann und Frau auswirken. So leitet unser letzter Vers auch über zum nächsten Kapitel, für dessen Betrachtung ich aber auf den nächsten Abend verweisen muss.

Donnerstag, 16.03.2006
3. Abend der Bibeltage

Leben aus eigener Kraft gestalten
Die Geschichte vom Sündenfall (1. Mose 3)

Schön, dass Sie weiter Mut haben, über Bibeltexte nachzudenken und gedanklich an Bibeltexten zu arbeiten. Ich lade auch heute Abend wieder herzlich dazu ein. „Leben aus eigener Kraft gestalten", habe ich als Überschrift über unser Vorhaben heute Abend, in das dritte Kapitel der Bibel hineinzuhören, gestellt. Dass wir Menschen unser Leben aus eigener Kraft zu gestalten haben, davon sind jedenfalls die allermeisten Menschen auch in unserem Land überzeugt. Wir brauchen nur eine beliebige Tageszeitung aufzuschlagen, eine Bundestagsdebatte zu verfolgen oder ein politisches Magazin im Fernsehen anzuschauen. Wie wir Menschen mit den Problemen in unserer großen Welt, mit den Aufgaben in unserem Land, mit der Gestaltung unseres persönlichen Lebens klarkommen, darüber wird diskutiert, darüber wird gestritten. Wir sind zuständig. Gott kommt dabei in aller Regel nicht vor. „Leben aus eigener Kraft gestalten", das ist die selbstverständliche Überschrift über der Art, wie unsere Gesellschaft in aller Regel an ihre Probleme herangeht. Was wir Menschen wollen, was wir Menschen können, das zählt. Von daher ist zu überlegen, wenn es um Fragen der Gestaltung unserer Welt oder unseres Lebens geht.

Diese Haltung ist nicht neu und ist keine Erfindung unserer Tage. Sie ist vermutlich typisch menschlich. Historiker bin ich ja von Beruf und noch dazu für das griechisch-römische Altertum zuständig. Ich denke auch, in den Jahrhunderten nach dem Altertum lässt sich diese Beobachtung immer wieder machen. In meinem Fachgebiet, in der Geschichte des griechisch-römischen Altertums, finde ich dieses Motto „Leben aus eigener Kraft gestalten", und das unter dem Vorzeichen eines großen Stolzes, schon in sehr frühen Jahrhunderten der griechischen Geschichte. Etwa 600 v. Chr. gingen die frühen griechischen Philosophen daran, voller Stolz auf die Möglichkeiten des eigenen menschlichen Verstandes, Versuche zu unternehmen, die Welt im Ganzen zu verstehen, sie sich und anderen zu erklären. Bis zu den Anfängen der Geschichtsschreibung dauerte es noch etwa 100 Jahre länger. Aber im 5. Jahrhundert v. Chr. schrieb Herodot, der schon im Altertum als der Vater der Geschichtsschreibung galt. Und Herodot sagt schon im Vorwort zu seinem Werk programmatisch, er will festhalten, was durch Menschen einst geschehen ist. Das soll bitte sehr nicht in Vergessenheit geraten. Stolz auf das, was Menschen können, nicht zuletzt Stolz auf die Möglichkeiten der Historiker, dafür zu sorgen, dass die tollen Leistungen der Menschen nicht in Vergessenheit geraten. Das motivierte den ersten Historiker Herodot dazu, sein großes Werk zu schreiben. Leben aus eigener Kraft gestalten ist eine uralte und offenbar typisch menschliche Devise.

Diejenigen, die gestern und vorgestern dabei waren, die erinnern sich: Die Bibel redet anders von uns Menschen. Sowohl in den ersten beiden Kapiteln der Bibel, die wir in den letzten beiden Abenden hier miteinander bedacht haben, als auch darüber hinaus vom ersten bis zum letzten Blatt der Bibel. Die Bibel redet von uns Menschen nicht, ohne von Gott zu reden. Die Schöpfungsberichte – wir wurden gerade noch einmal daran erinnert – weisen uns Menschen unseren Platz unter Gott zu. So, unter Gott, im Gehorsam gegen Gott und als seine Sachwalter in seiner Schöpfung, so ist die Platzanweisung für uns Menschen in den Schöpfungsberichten ausgesprochen. Unter Gott sieht die Bibel uns Menschen auch in dem heute zu betrachtenden Kapitel. Allerdings legt die Bibel Zeugnis ab davon, dass auch sie dieses menschliche Thema kennt: „Leben aus eigener Kraft gestalten". Das kommt nun in einer ganz wichtigen Weise in unserem heutigen Kapitel in 1. Mose 3 vor, und unser Text bringt viele Grenzen und viele bedrängende Aspekte, die unser menschliches Leben charakterisieren, eben mit diesem urmenschlichen Wunsch und Verlangen, Leben aus eigener Kraft zu gestalten, zusammen. Das kann man in einem Satz so zusammenfassen.

Aber nun können wir nicht schon nach Hause gehen. Ich hoffe, Sie wollen das auch nicht. Jetzt müssen wir in unseren Text im Einzelnen hinein sehen, und es lohnt sich, auch hier wieder in seine Einzelzüge hineinzuhören. Ich lese uns das dritte Kapitel der Bibel, 1. Mose 3, und lade Sie ein, das auch schriftlich zu verfolgen. Sie haben ja die Texte vor sich liegen nach der Zürcher Übersetzung.

1 Die Schlange aber war listiger als alle Tiere des Feldes, die Gott der Herr gemacht hatte, und sie sprach zur Frau: Gott hat wohl gar gesagt: «Ihr dürft von keinem Baume des Gartens essen!»
2 Da sprach die Frau zur Schlange: Wir dürfen essen von den Früchten der Bäume im Garten;
3 nur von den Früchten des Baumes mitten im Garten hat Gott gesagt: «Esset nicht davon; rühret sie auch nicht an, dass ihr nicht sterbet!»
4 Da sprach die Schlange zur Frau: Mitnichten werdet ihr sterben; 5 sondern Gott weiß, dass, sobald ihr davon esset, euch die Augen aufgehen werden und ihr wie Gott sein und wissen werdet, was gut und böse ist.
6 Und die Frau sah, dass von dem Baume gut zu essen wäre und dass er lieblich anzusehen sei und begehrenswert, weil er klug machte, und sie nahm von seiner Frucht und aß und gab auch ihrem Manne neben ihr und er aß.
7 Da gingen den beiden die Augen auf und sie wurden gewahr, dass sie nackt waren; und sie hefteten Feigenblätter zusammen und machten sich Schurze.
8 Als sie nun hörten, wie Gott der Herr in der

Abendkühle im Garten wandelte, verbarg sich der Mensch mit seiner Frau vor dem Angesichte Gottes des Herrn unter den Bäumen im Garten. 9 Und Gott der Herr rief dem Menschen und sprach zu ihm: Wo bist du? 10 Er sprach: Ich hörte dich im Garten; da fürchtete ich mich, weil ich nackt bin, und verbarg mich. 11 Und er sprach: Wer hat dir gesagt, dass du nackt bist? Hast du etwa von dem Baume gegessen, von dem ich dir zu essen verboten habe? 12 Der Mensch sprach: Die Frau, die du mir zugesellt hast, hat mir von dem Baume gegeben; da habe ich gegessen. 13 Da sprach Gott der Herr zur Frau: Was hast du da getan? Die Frau antwortete: Die Schlange hat mich verführt; da habe ich gegessen.

14 Da sprach Gott der Herr zur Schlange: Weil du das getan, bist du verflucht vor allem Vieh und vor allen Tieren des Feldes. Auf deinem Bauche sollst du kriechen und Staub fressen dein Leben lang. 15 Und ich will Feindschaft setzen zwischen dir und der Frau und zwischen deinem Nachwuchs und ihrem Nachwuchs: er wird dir nach dem Kopfe treten und du wirst ihm nach der Ferse schnappen.

16 Und zur Frau sprach er: Ich will dir viel Beschwerden machen in deiner Schwangerschaft; mit Schmerzen sollst du Kinder gebären! Nach deinem Manne wirst du verlangen; er aber soll dein Herr sein!

17 Und zum Menschen sprach er: Weil du auf die Stimme deiner Frau gehört und von dem Baume gegessen hast, von dem ich dir gebot: du sollst nicht davon essen, so ist um deinetwillen der Erdboden verflucht. Mit Mühsal sollst du dich von ihm nähren dein Leben lang. 18 Dornen und Disteln soll er dir tragen und das Kraut des Feldes sollst du essen. 19 Im Schweiße deines Angesichtes sollst du dein Brot essen, bis du wieder zur Erde kehrst, von der du genommen bist; denn Erde bist du und zur Erde musst du zurück.

20 Und der Mensch nannte seine Frau Eva; denn sie wurde die Mutter aller Lebenden. 21 Und Gott der Herr machte dem Menschen und seiner Frau Röcke von Fell und legte sie ihnen um.

22 Und Gott der Herr sprach: Siehe, der Mensch ist geworden wie unsereiner, dass er weiß, was gut und böse ist. Nun aber, dass er nur nicht seine Hand ausstrecke und auch von dem Baume des Lebens breche und ewig lebe! 23 So schickte ihn Gott der Herr fort aus dem Garten Eden, dass er den Erdboden bebaue, von dem er genommen war. 24 Und er vertrieb den Menschen und ließ östlich vom Garten Eden die Cherube sich lagern und die Flamme des zuckenden Schwertes, den Weg zum Baume des Lebens zu bewachen.

Bevor wir in die Einzelheiten unseres Textes einsteigen, möchte ich gern auch wieder einiges allgemein zu ihm sagen. An den vergangenen Abenden habe ich immer wieder betont – und das muss ich für unser Kapitel von heute Abend noch einmal sagen – wir haben es nie mit den Berichten von Zeitgenossen zu tun, etwa mit Reportern, die Gott bei der Schöpfung über die Schulter geschaut hätten, oder hier bei Leuten, die mit einer Videokamera hätten festhalten können, was zum Anfang der Menschheitsgeschichte da wohl abgelaufen ist. So sind unsere Texte nicht entstanden. So sind sie nicht gemeint. Das können und wollen sie nicht sagen. Darum habe ich bewusst gebeten, als Motto über diese Tage zu stellen: „Grundeinsichten des Glaubens". Davon handelt unser heutiger Text, genauso wie die Texte, die wir gestern und vorgestern miteinander bedacht haben, und auch die anderen Texte, die in dieser Bibelwoche noch auf uns warten. Das Motto heißt eben nicht „Die Anfänge der Welt und ihre Geschichte" oder „Aus der Frühzeit der Weltgeschichte", sondern bewusst „Grundeinsichten des Glaubens". Wir haben es mit erzählenden und belehrenden Texten zu tun, die Zeugnis ablegen von Gottes Schöpfung – so die Texte von gestern und vorgestern – und schon diese Schöpfungsberichte haben darüber hinaus Grundsätzliches über Gott und sein Verhältnis zu uns Menschen zur Sprache gebracht. Grundsätzliches über Gott und sein Verhältnis zu uns Menschen, Grundsätzliches über uns Menschen in unserem Verhältnis zu Gott, darum geht es auch in unserem Text für heute Abend und in den weiteren Texten, die wir in dieser Bibelwoche miteinander genauer ansehen wollen: Grundeinsichten des Glaubens.

Unsere Texte sind erzählende Texte, so ähnlich wie der zweite Schöpfungsbericht, unser Text von gestern, auch der heutige Text. Schon die Art, wie Gott bezeichnet wird in unserem Text, erinnert Leute, die gestern dabei waren, daran: Das war ein Markenzeichen unseres Kapitels von gestern Abend aus dem zweiten Schöpfungsbericht: Jahwe Gott, in deutscher Übersetzung „Gott der Herr", eine Bezeichnung Gottes, die im Alten Testament ganz selten vorkommt, in den Texten von gestern und heute 1. Mose 2 und 3 und dann noch einmal im Alten Testament. Ich habe vergessen wo. Aber dann ist auch Schluss. Diese Kombination, der alttestamentliche Gottesname *Jahwe* und dann die Gottesbezeichnung *elohim*, die allgemeine Gottesbezeichnung, diese Kombination ist etwas Besonderes. Es kommt ganz selten im Alten Testament vor. Schon dadurch zeigt sich, aber auch von dem Erzählzusammenhang, dass unser Text für heute den Text, den wir gestern Abend miteinander bedacht haben und der von der Erschaffung des Mensch durch Gott Zeugnis ablegte, ganz unmittelbar zusammen gehören.

Wie ich es für die Texte der letzten Abende sagte, gilt es auch von unserem Text: Sie sind auf einem langen Weg der Überlieferung gewachsen. Damit hängt auch zusammen, dass es manche Unebenheiten im Text gibt. In den Gesprächen nach meinem Referat kam so was gelegentlich zur Sprache. Und in den Fragen, die am Abschluss des Abends dann noch an mich herangetragen wurden, kam so was erst recht vor: Mensch, wir haben da doch zwei Bäume und dann ist nur von einem die Rede, ganz ähnlich auch in unserem heutigen Kapitel. Vom Baum der Erkenntnis von Gut und Böse ist lang und breit die Rede und ganz am Schluss taucht dann der zweite besondere Baum, der Baum des Lebens, auf. Manches ist nicht so ganz ausgeglichen. Das hängt zusammen damit, dass verschiedene Erzählüberlieferungen hier zusammengekommen sind zu einer jetzt nicht irgendwie zusammengestoppelten, sondern schon höchst bedacht komponierten Geschichte, wie wir sie in unserem dritten Kapitel der Bibel vorliegen haben. Und wenn auch diese Texte auf einem ganz langen Weg der Überlieferung gewachsen sind und viele Erzählmotive gar nicht typisch israelitisch sind, sondern wir sie bei Nachbarvölkern Israels ähnlich finden, bleibt doch zu sagen: Das Markenzeichen aller Texte, die wir hier in den ersten Kapiteln des Alten Testamentes haben, ist, dass sie allesamt formuliert worden und gestaltet worden sind von Leuten, die – als Glieder des alttestamentlichen Volkes Gottes, des alttestamentlichen Israel – Gott in ihrem persönlichen Leben und in der Geschichte ihres Volkes kennen gelernt haben und die in der Art, wie sie ihre Texte gestalten, wie sie ihre Erzählungen dann im Einzelnen ausführen, uns immer wieder hineinnehmen in das, was sie von Gott kennen gelernt haben. Grundeinsichten des Glaubens, davon sind unsere Texte durch und durch getränkt.

Nun wollen wir auf Einzelheiten unseres heutigen Kapitels hören. Da mutet uns unser Text eine Menge zu. Und da kommen wir gleich am Anfang auf etwas, das auch für andere Texte in der Bibel sehr wichtig ist und gilt. *Die Schlange aber war listiger als alle Tiere des Feldes, die Gott der Herr gemacht hatte.* Nun kommt natürlich sofort die Frage – ich vermute, manche von Ihnen, die mal in das Programm für den heutigen Abend geguckt haben, die sind mit dieser Frage schon hierhergekommen: Die Schlange, die steht ja wohl bitte sehr für das Böse. Wer ist denn die Schlange? Das kann ja wohl nur ein Bild sein für den Teufel oder das Böse oder wie auch immer. Schon die alte Kirche hat den Text so gelesen und ausgelegt: Die Schlange ist ein Bild für den Teufel, für das Urböse. Und Jahrhunderte lang bis ins zwanzigste Jahrhundert hinein, zum Teil bis heute, wird der Versuch gemacht, unseren Text so zu lesen. Und dann kommt die Frage: Woher kommt denn das Böse? Wenn wir dann den ersten Satz unseres heutigen Kapitels lesen: *Die Schlange aber war listiger als alle Tiere des Feldes, die Gott der Herr gemacht hatte*, dann kommt schnell die Frage: Soll Gott etwa den Teufel erschaffen haben? Soll Gott das Böse erschaffen haben? Da kriegen wir ganz schnell Schwierigkeiten. Das kann nicht so richtig funktionieren. Den Satz, den haben wir mit gutem Grund nicht in unseren Glaubensbekenntnissen, die anderen christlichen Kirchen auch nicht. Das funktioniert irgendwie nicht. Woher kommt das Böse? Was ist die Schlange? Wofür steht sie? Das sind sicher Fragen, die manche mitgebracht haben. Und ich muss Sie enttäuschen. Ich kann das nicht beantworten. Und ein gewissenhafter anderer Ausleger, und sei er unendlich viel klüger als ich, das sind manche Alttestamentler, die können das auch nicht sagen, wenn sie ehrlich sind. Das ist ärgerlich. Wir haben doch unsere tollen Fragen. Das kann uns an anderen Stellen der Bibel ganz genau so gehen. Und nun haben wir zwei Möglichkeiten. Das betrifft Grundsätzliches in unserem Umgang mit der Bibel. Nun kann ich als Mensch sagen: Mich interessiert meine Frage und wenn die so in der Bibel nicht vorkommt und wenn da vorne ein Referent erklärt: „Das kann ich vom Bibeltext her beim besten Willen nicht beantworten", dann heißt meine Antwort: „Dann gehe ich nach Hause, nein danke. Diese Bibel interessiert mich nicht. Ich stehe zu meinen Fragen. Die will ich geklärt haben. Ich will wissen, was ich wissen will, und alles andere interessiert mich nicht."

Wer so an die Bibel herangeht, der wird ihren Nerv nie erfassen. Der wird in der Bibel dem lebendigen Gott nicht begegnen. Ich habe hier nur zwei Möglichkeiten: Entweder ich bleibe bei meinen Fragen, dann gehe ich leer aus, oder ich lasse mich von den biblischen Texten – heute Abend von unserem Kapitel – einladen. Folge doch einmal dem Gang des Textes, hier dem Gang unserer Erzählung. Nimm in Kauf, dass nicht alle Deine Fragen eine Antwort finden, aber höre mal zu, es gibt Spannendes und Wichtiges genug zu hören. Und auf diesem Wege werden wir es erleben, dass Gott selbst zu uns redet. Die Verheißung steht jedenfalls, und ich bete darum und hoffe sehr und bin auch sehr zuversichtlich, dass Gott das auch in dieser Bibelwoche, hier in dieser Woche in Schöningen, so passieren lässt. Wer die Schlange ist, weiß ich nicht, kann ich nicht wirklich erklären. Das einzige, was unser Text sagt: Die Schlange gehört zu der Vielfalt der Tiere, die Gott der Herr geschaffen hat. Und was die Schlange hier besonders auszeichnet nach dem ersten Satz unseres Textes, ist nur ihre größere Klugheit oder ihre besondere Listigkeit. Vielleicht ist die Schlange doch mehr ein Erzählmittel, um Dinge, die im Menschen ablaufen, jetzt gegenständlich oder plastischer sichtbar zu machen. Bei einem Ausleger, der mir sehr geholfen hat, das Alte Testament zu verstehen, Gerhard von Rad, fand ich: Nicht wer die Schlange ist, lässt sich beantworten und nicht bei dieser Frage sollten wir stehen bleiben. Zu unserem Kapitel finden wir den besseren Zugang, wenn wir auf das achten, was die Schlange sagt. Und das, was in unserem Kapitel die Schlange sagt, das formuliert in der Tat die Situation der Versuchung, in die der Mensch – hier zunächst die Frau – kommt. Von daher meine Vermutung, dass die Schlange Erzählmittel ist, um Dinge plastisch anschaubar zu machen in der Erzählung unseres Textes, die im Menschen ablaufen.

Und die Schlange, die listiger war als die Tiere des Feldes, die Gott der Herr gemacht hatte, sprach zur Frau: Gott hat wohl gar gesagt: „Ihr dürft von keinem Baume des Gartens essen!" Diejenigen, die gestern Abend dabei waren, die wissen sofort: Dieser Satz der Schlange ist nun maßlos übertrieben. *Gott hat wohl gar gesagt: „Ihr dürft von keinem Baume des Gartens essen!"* Blättern wir noch mal zurück, 1. Mose 2 Vers 16. Ich habe gestern versucht zu betonen, wenn hier davon die Rede ist, dass Gott den Menschen sein Gebot gibt, dann beginnt dieses Gebot mit einem großzügigen Geschenk Gottes. 1. Mose 2 Vers 16: *Und Gott der Herr gebot den Menschen und sprach: Von allen Bäumen im Garten darfst du essen; nur von dem Baum der Erkenntnis des Guten und des Bösen, von dem darfst du nicht essen.* Die Schlange übertreibt also maßlos. Und das ist natürlich raffiniert und geschickt.

Die Schlange gibt der Frau damit die Möglichkeit, sich für Gott stark zu machen und zu sagen: Alte Schlange, du irrst gewaltig! Was du da sagst, kannst du getrost vergessen. Damit hast du Gott völlig missverstanden. Und entsprechend ähnlich reagiert die Frau hier. *Da sprach die Frau zur Schlange,* Vers 2 in unserem heutigen Kapitel, *wir dürfen essen von den Früchten der Bäume im Garten; nur von den Früchten des Baumes mitten im Garten hat Gott gesagt: „Esset nicht davon"* Soweit korrekte Wiedergabe dessen, woran ich uns gerade noch erinnert habe, 1. Mose 2 Vers 16, wie dort das Gebot Gottes an den Menschen formuliert war. Aber die Frau ist mit ihrer Antwort in unserem Text noch nicht fertig: *Nur von dem Baum mitten im Garten,* so antwortet die Frau der Schlange, *hat Gott gesagt: „Esset nicht davon; rührt sie auch nicht an, dass ihr nicht sterbet!"*

Rührt sie auch nicht an? Nein, das kam in Kapitel 2 nicht vor. Hier schießt die Frau in ihrer Antwort über das Ziel hinaus. Und Gerhard von Rad etwa, der Ausleger, der mir so hilft, das Alte Testament zu verstehen, der bemerkt an der Stelle: Das klingt da nach einer bestimmten Ängstlichkeit. Das gibt es nicht nur in unserem Kapitel an dieser Stelle, dass Menschen ängstlich sind, das Gebot Gottes zu übertreten und deshalb einen Zaun um das Gebot Gottes machen, um ja nicht in die Gefahr zu geraten, das Gebot Gottes zu übertreten. So hat es Jesus im Neuen Testament den Pharisäern einmal vorgeworfen: Ihr zieht einen Zaun um die Gebote Gottes und engt dabei die Menschen unnötig ein. Von Rad weist darauf hin: Es scheint ein Element von Unsicherheit und Ängstlichkeit in dieser Antwort der Frau mitzuschwingen.

Und da geht die Schlange natürlich in ihrem nächsten Satz in die Vollen. Jetzt lässt die Schlange gewissermaßen die Maske fallen und sagt: Gott spinnt! Gott lügt! Das ist gar nicht wahr, was er euch gesagt hat. Gott weiß das auch, und er hat euch das nur gesagt, weil Gott eifersüchtig ist und weil Gott missgünstig ist. Gott will euch Gutes vorenthalten. Darum, aus böser Absicht, hat Gott sein komisches Gebot gesagt. Nehmen wir noch einmal die Formulierung unseres Textes, Vers 4: Da sprach die Schlange zur Frau: *„Mitnichten werdet ihr sterben."* Das ist auch im hebräischen Text ganz stark formuliert: Überhaupt keine Rede kann davon sein, dass ihr sterben müsst, *sondern Gott weiß, dass sobald ihr davon esset, euch die Augen aufgehen werden und ihr wie Gott sein und wissen werdet, was gut und böse ist.*

Ja, der alte Menschheitstraum: Leben aus eigener Kraft zu gestalten, nicht den Platz unter Gott anzunehmen, der uns nach dem Zeugnis der Schöpfungsberichte eigentlich zugedacht ist, sondern aus eigenem Recht neben Gott zu stehen, ohne Gott zurecht zu kommen, Leben aus eigener Kraft zu gestalten. *Ihr werdet sein wie Gott und wissen, was gut und böse ist.* Auch hier würde ich gern, auch wenn es da gestern eine kleine Diskussion gab, an der Auslegung, die ich gestern zu dieser Formulierung gab, festhalten: „Gut und böse" ist oft im Alten Testament eine Umschreibung von „alles". „Weder Gutes noch Böses" meint dann „nichts" und positiv „Gutes und Böses" meint „alles". Ich denke, es geht nicht nur um das moralisch Gute und das moralisch Böse, sondern gerade in dieser Kombination *Ihr werdet sein wie Gott* und alle Dinge in eure Gewalt und alle Dinge in eure Verfügungsmacht bekommen, dieses grenzenlose Angebot, das die Schlange mit diesem Satz der Frau in Aussicht stellt, ist ja gerade das Verlockende der Versuchung.

Und nun wird in Vers 6 es wunderschön beschrieben. Man kann sich an der Formulierung unseres Textes einfach freuen. Das ist schon toll, auch stilistisch toll, wie unsere Kapitel in der Bibel im Alten wie im Neuen Testament formuliert sind. *Und die Frau sah, dass von dem Baum gut zu essen wäre.* Das schmeckt toll, was da an diesem Baum so hängt an Früchten, und dann heißt es: *dass er lieblich anzusehen sei.* Jetzt wird es auch ästhetisch etwas feiner, nicht nur schmeckt es gut, sondern es gehört auch zu dem Edlen und Schönen dieser Welt. Es ist doch eine Pracht, das anzusehen, *und der Baum ist begehrenswert, weil er klug mache* und uns Menschen die Möglichkeit einräumt, alles in unsere Verfügungsgewalt zu bekommen. Hier werden in der Formulierung von Vers 6 die Versuchung, die Gedankenabläufe, wie sie in uns Menschen dann ablaufen, ein bisschen dargestellt.

Und dann wird sehr kurz berichtet. *Und sie* – die Frau – *nahm von seiner Frucht und aß und gab ihrem Mann neben ihr und er aß.* Sie kennen möglicherweise bildliche Darstellungen. Da ist immer von einem Apfel die Rede. Und Sie wissen möglicherweise auch, wie es denn zu dieser Deutung kommt. „Apfel" steht nicht in unserem Text. Aber es gab Jahrhunderte, da wurde in der Kirche nur Lateinisch gesprochen, und Apfel heißt *malus* [gesprochen *maalus*]. Und wenn man das mit kurzem *a* liest und dieselben Buchstaben als Adjektiv nimmt *malus* [gesprochen *mallus*], dann heißt das auf deutsch „schlecht" oder „böse".

Und weil das hier von der Buchstabenkombination dasselbe lateinische Wort sein kann, kam man drauf – *malus, malum* – das ist offenbar ein Apfel gewesen. Nichts davon steht in unserem Text, aber in der bildlichen Darstellung in der christlichen Kunst ist das vielfach so dargestellt worden. Den Apfel dürfen wir vergessen. Was für eine Frucht das war, sagt unser Text nicht und ich weiß das natürlich auch nicht, wenn es schon im Text nicht drinsteht. Wichtig ist: *Die Frau nahm und aß und gab auch ihrem Mann neben ihr und er saß.*

Und nun sind wir natürlich gespannt, die Schlange hatte doch der Frau in Aussicht gestellt: Wenn ihr esst, dann passiert etwas ganz Tolles mit euch. Euch werden die Augen aufgehen und ihr werdet alle Dinge erkennen und über alle Dinge verfügen können. Vers 7: *Da gingen den beiden, nachdem sie gegessen hatten, die Augen auf* – und? Sind sie wie Gott geworden? Haben sie alle Dinge in die Hand gekriegt? Aus der Traum! Sie lernen in der Tat Neues. Sie nehmen bewusst wahr, dass sie ja gar nicht angezogen sind. Sie stellen fest, dass sie nackt sind und sie schämen sich. Die erste Reaktion ist, sie besorgen sich Feigenblätter. Textilien hatten sie so schnell nicht. Sie besorgen sich Feigenblätter, um die erste Ausstattung an Kleidung für sich zu gewinnen, weil sie sich plötzlich voreinander schämen. Kapitel 2, die Erzählung von der Erschaffung des Menschen, endete mit dem Satz, der ja zu unserem heutigen Text hinführte: *Und die beiden, der Mensch und seine Frau, waren nackt und schämten sich nicht.* Es gab keinen Bruch im Verhältnis von Mann und Frau. Es gab nur ein ganz fröhliches, vertrauensvolles und selbstverständlich unkompliziertes Miteinander.

Hier, nachdem sie das Gebot Gottes übertreten haben, nachdem ihnen die Augen übergegangen sind, erkennen sie in der Tat Neues. Aber dieses Neue macht ihnen Angst. Sie vertrauen einander nicht mehr unkompliziert, vorbehaltlos. Sie schämen sich voreinander. Sie fühlen sich motiviert, sich einen Kleidungsersatz zu besorgen. *Sie hefteten Feigenblätter zusammen und machten sich Schurze.* Aus der Traum vom Werden wie Gott! Leben aus eigener Kraft zu gestalten, ein uralter Menschheitstraum! Nur verwirklicht haben wir ihn nie. Und wir werden ihn auch nie verwirklichen, so wahr das biblische Zeugnis von Gott und uns Menschen das größere Recht hat. Der tolle Versuch der Menschen, Leben aus eigener Kraft zu gestalten, Gott gleich zu werden und aus eigener Kraft das Leben zu gestalten – die Menschen haben den Versuch riskiert, und bis heute versuchen wir Menschen das immer wieder. Auch darin wird deutlich, unsere Geschichte ist nicht eine Reportage von damals, sondern erzählerisch bringt unsere Geschichte zum Ausdruck, wie Menschen sind – wie wir sind und unsere Zeitgenossen genauso wie unsere Vorfahren und unsere Nachkommen.

Jetzt haben wir einen Absatz in unserem Text, aber unser Text ist nicht zu Ende, sondern er geht in ganz charakteristischer Weise weiter. Als sie – der Mensch und seine Frau – *als sie nun hörten, wie Gott der Herr in der Abendkühle im Garten wandelte, verbarg sich der Mensch mit seiner Frau vor dem Angesichte Gottes des Herrn unter den Bäumen im Garten.* Unser Text hat nicht die geringsten Bedenken, in höchst menschlicher Weise von Gott zu reden. Das passiert gerade im Alten Testament sehr oft, nicht, weil die Schreiber, die Verfasser alttestamentlicher Texte, respektlos gegenüber Gott gewesen wären, sondern weil sie sehr genau begriffen haben, dass Gott in seiner Herrlichkeit und Heiligkeit für unsere menschliche Vorstellung nicht erreichbar ist. Deshalb haben sie die Freiheit entwickelt, bildhaft, sehr menschlich von Gott zu reden. Wenn es nicht mehr so heiß ist – in Schöningen und Hamburg muss man nicht erst warten, bis Abendkühle ist, da kann man auch mittags, meistens jedenfalls in einem normalen Hamburger Sommer, durchaus auch ohne zu heiß zu werden, auf die Straße gehen. In der orientalischen Welt, da wartet man besser bis die Abendkühle kommt. In der Abendkühle ging Gott in diesem schönen Garten, den er ja gepflanzt hatte, spazieren.

Und der Mensch? Auch das ist eine Folge seines misslungenen Versuches, wie Gott zu werden. Die Menschen haben nicht nur Scham voreinander, sondern Angst vor Gott. Gott kommt! Hilfe, nichts wie weg! Wir verstecken uns so gut es geht. Scham und Furcht, das sind die ersten Folgen, die die Menschen spüren und wie Menschen reagieren, nachdem sie den Versuch angetreten sind, wie Gott zu werden, Leben aus eigener Kraft zu gestalten.

Und nun ist es fast ein bisschen zum Schmunzeln. Vers 9: *Und Gott der Herr rief dem Menschen und sprach zu ihm: Wo bist du?* Als wenn Gott nicht wüsste, wo die Kerle sich versteckt haben. Natürlich weiß er das. Aber hier will uns unser Text zum Schmunzeln einladen. Gott spielt das Spielchen ein bisschen mit und fragt: Wo bist du denn? So wie ich das mit meinen Enkeln, solange sie noch klein sind, gerne auch tue. Ich habe längst gesehen, wohin sie sich verkrochen haben, und ich frage dann immer, wo sie sind. Ein bisschen zum Schmunzeln will unser Text hier anregen, aber dann geht es sehr, sehr ernst weiter. Der Mensch antwortet, Vers 10: *Er sprach: Ich hörte dich im Garten; da fürchtete ich mich, weil ich nackt bin und verbarg mich.* Und er – das ist jetzt Gott, Vers 11 – *sprach: Wer hat dir gesagt, dass du nackt bist? Hast du etwa von dem Baum gegessen, von dem ich dir zu essen verboten habe?*

Unser Text, wenn wir den ab Vers 8 beginnenden Absatz angucken, macht deutlich: Wir Menschen können Gebote Gottes übertreten, aber eines können wir nicht – Gott dabei loswerden! Kaum haben die Menschen das Gebot Gottes übertreten, schon stehen sie in der Gegenwart Gottes. Das entfaltet unser Text überhaupt nicht als dogmatischen Lehrsatz. Das bringt er einfach durch den Ablauf der Erzählung zum Ausdruck. Kaum haben die Menschen von der Frucht gegessen, begegnen sie Gott und müssen sich dieser Begegnung stellen. Anders ist das auch heute nicht, egal ob wir das wahr haben wollen oder nicht. Und ob unsere nichtchristlichen Nachbarn oder Zeitgenossen das wahr haben wollen oder nicht. Wir Menschen haben die Möglichkeit zu sündigen. Wir haben die Möglichkeit, Gottes Gebot in den Wind zu jagen und es zu übertreten. Aber Gott werden wir nicht los. Gott kommt auf uns zu. Und die erste Frage Gottes an den Menschen im Alten Testament, die haben wir eben hier in unserem Vers 9: *Mensch, wo bist du?* Und dann die zweite Frage: *Hast du etwa von dem Baum gegessen, von dem ich dir zu essen verboten habe?* Gott fordert Rechenschaft von den Menschen.

Und nun wissen die Menschen: Versteckspielen vor Gott hat keinen Zweck. Wir müssen antworten. Und sie antworten – ich hoffe Sie erkennen sich in der Antwort wieder. Ich finde diese Antworten typisch menschlich. Ich finde mich hier unendlich gut abgebildet in der Art, wie die Menschen antworten. *Und er, der Mensch, sprach: Die Frau, die du mir zugesellt hast, die hat mir von dem Baum gegeben; da habe ich gegessen.* Also ich kann eigentlich nicht so viel dafür. Sie hat mich rumgekriegt. Und eigentlich ist das ja die Frau, die du mir zugesellt hast. Ich habe die ja gar nicht gemacht. Du hast sie gemacht, du hast sie mir gegeben. Letztendlich, Gott, bist du schuld, meine Frau ist schuld, aber ich doch eigentlich nicht. Ähnliches wie das, was hier abläuft, gerade wenn ich mich so in den letzten Wochen und Monaten beobachte, das finde ich in meinem Alltag auf und ab wieder, und Sie möglicherweise in Ihrem Alltag auch, wenn Sie den mal ein bisschen unter die Lupe nehmen. Typisch Mensch! Ich schuld? Davon wollen wir doch lieber nicht reden. Nein, das sind doch eigentlich die andern. Ich kann nicht so viel dafür. Die Frau, und letztlich ist es die Frau, die du mir gegeben hast. Die Hauptschuld, Gott, trägst letztendlich du. Von daher solltest du mich gar nicht weiter fragen.

Ein bisschen scheint Gott das Spiel mitzuspielen. Gucken wir, wie unser Text weitergeht. Vers 13: *Da sprach Gott der Herr zur Frau: Was hast du getan?* Und die Frau antwortet nach dem selben Strickmuster: *Die Schlange hat mich verführt; da habe ich gegessen.* Also wieder, ich eigentlich nicht, die Schlange! Nicht schuldig! Typisch für uns Menschen. Ein bisschen schien Gott das Spielchen mitgespielt zu haben, aber irren wir uns nicht: Gott spielt kein Spiel mit uns, und Gott ist nicht jemand, mit dem wir spielen können. Das sagt unser Text sehr deutlich.

Vers 14: *Da sprach Gott der Herr zur Schlange: Weil du das getan, bist du verflucht vor allem Vieh und vor allen Tieren des Feldes. Auf deinem Bauch sollst du kriechen und Staub fressen dein Leben lang.* Mit diesem Vers beginnt ein längerer Abschnitt in unserem Text, in dem Gott das Vergehen der Menschen ahndet. Auf die Sünde von uns Menschen steht das Gericht Gottes. Manchmal hat Gott sehr viel Geduld, im Blick auf andere manchmal mehr als uns lieb ist, dann warten wir schon ein bisschen nervös: Lieber Gott, musst du dem nicht endlich mal anständig Prügel verabreichen! Bei uns selbst sind wir mit der Geduld Gottes meistens ganz einverstanden. Aber irren wir uns nicht, schon gar nicht im Blick auf uns selbst: Gott lässt nicht mit sich spaßen. Auf unsere menschliche Sünde steht das Gericht Gottes. Dieses Gericht Gottes trifft in unserem Text zunächst die Schlange. Und hier ist dann von der besonderen Beschaffenheit der Schlange die Rede. *Verflucht*, ein ganz schweres Wort. Hebräischen Lesern würde da ein Schauer über den Rücken laufen, wenn sie diese Vokabel lesen. *Verflucht vor allem Vieh und vor allen Tieren des Feldes* ist die Schlange. *Auf deinem Bauch sollst du kriechen und Staub fressen dein Leben lang.* In manchen Auslegungen gibt es Schlaumeier. Die entnehmen aus diesem Vers: Vorher hatte die Schlange Beine und ging aufrecht. Ich kann das nicht widerlegen, aber niemand kann das beweisen. Das kommt alles in unserem Text nicht vor. Lassen wir solche Überlegungen auf sich beruhen, darum geht es nicht. Die eigentümliche Beschaffenheit der Schlange, so wie wir und wie auch die Verfasser unseres Textes Schlangen kennen und kannten, die wird hier in Verbindung gebracht mit dem Gericht Gottes über unsere menschliche Sünde.

Und dann fährt unser Text in Vers 15 fort: *Und ich will Feindschaft setzen zwischen dir* – der Schlange – *und der Frau und zwischen deinem Nachwuchs und ihrem Nachwuchs. Er wird dir nach dem Kopf treten und du wirst ihm nach der Ferse schnappen.* Wieder ist es altkirchliche Auslegung, die bei der Nachkommenschaft der Frau nicht an die Fülle der Generationen dachte, sondern an einen einzigen ganz bestimmten Nachkommen. Und altkirchliche gelehrte Ausleger haben gedacht: Das muss doch ein verschlüsselter Hinweis auf den Messias sein. So habe ich vor über fünfzig Jahren als junger Teenager im Religionsunterricht meiner Heimatgemeinde Oldenburg in Oldenburg es auch noch gelernt. Erste messianische Weissagung? 1. Mose 3 Vers 15: *Und ich will Feindschaft setzen zwischen dir* – der Schlange – *und der Frau und zwischen deiner*

Nachkommenschaft und ihrer Nachkommenschaft. Heutige Ausleger des Alten Testamentes sind sich einig: So ist das hier nicht gemeint, sondern es ist in der Tat an die dauernde Nachkommenschaft durch alle Generationen, so lange diese Erde steht und es Generationen von Tieren und Menschen gibt, gedacht. Es geht um die immerwährende Spannung, um die immerwährende Feindschaft zwischen Menschen und Schlange. Das ist ja das harte Gericht, dass hier nicht gesagt ist: Ach, das gilt mal so ein bisschen für eine Zeit lang, sondern das ist hier als Dauerzustand ausgesagt. So ist der Vers 15 gemeint. Das ist aber erst die Einleitung der Gerichtsworte.

In Vers 16 folgt das Gerichtswort Gottes an die Frau: *Und zur Frau sprach er: Ich will dir viel Beschwerden machen in deiner Schwangerschaft; mit Schmerzen sollst du Kinder gebären! Nach deinem Manne wirst du verlangen; er aber soll dein Herr sein!* Hier kann ich als Mann nicht mitreden, aber Frauen, die Kinder zur Welt gebracht haben, wissen, wie schmerzhaft das ist und wie beschwerlich eine Schwangerschaft sein kann. Diese urmenschliche Erfahrung hat natürlich zu Fragen Anlass gegeben: Warum ist das so? Muss das so sein? Diese Fragen werden nicht erst heute gestellt oder in zurückliegenden jüngeren Jahrhunderten, auch im alttestamentlichen Israel und seinen Nachbarvölkern war diese Frage lebendig. Und unser Text antwortet: Das ist kein Konstruktionsfehler Gottes bei seiner Schöpfung, sondern das gehört mit zum Gericht Gottes über unser sündiges menschliches Wesen, diese leidvollen Grenzen, die zum Leben einer Frau dazugehören. Und dann ist hier am Ende von Vers 16 davon die Rede: Du wirst Verlangen nach deinem Mann haben, aber dieses Verlangen wird nicht mehr auf eine einfache Erfüllung hinaus laufen. Er wird dich beherrschen. Hier haben wir in der Tat den Mann als Herrscher über die Frau – nicht nach den guten Absichten Gottes von der Schöpfung der Welt an, sondern als typische Folge unserer menschlichen Sündhaftigkeit. Wer die menschliche Sündhaftigkeit befördern will, der darf sich auch stark dafür machen, dass die Männer die Frauen beherrschen sollen. In dem Zusammenhang steht das hier in unserem Text. Das gehört mit zu den Folgen unseres sündigen menschlichen Wesens. So jedenfalls hier in unserem Text.

Mit Vers 17 beginnt dann das Gerichtswort Gottes über den Mann. Mensch heißt hebräisch *adam*, Wir sprechen dann von Adam. *Und zum Menschen – zum Adam – sprach Gott: Weil du auf die Stimme deiner Frau gehört und von dem Baume gegessen hast, von dem ich dir gebot: du sollst nicht davon essen, so ist –* und jetzt steht wieder das Wort „verflucht" da, aber charakteristisch nicht: So bist du verflucht. Das steht nicht im Text, sondern der Fluch geht wie ein Blitz haarscharf am Menschen vorbei in die Erde. So ist das hier formuliert und auch gemeint. *So ist um deinetwillen der Erdboden verflucht* – nicht der Mensch, aber der Erdboden ist verflucht. *Mit Mühsal sollst du dich von ihm nähren dein Leben lang. Dornen und Disteln soll er dir tragen und das Kraut des Feldes sollst du essen. Im Schweiße deines Angesichtes sollst du dein Brot essen, bis du wieder zur Erde kehrst, von der du genommen bist; denn Erde bist du und zur Erde musst du zurück.* Das sind in der Tat dunkle Aussichten.

Das Gerichtswort über den Mann betrifft seine Arbeit. Sie ist schwer. Sie ist mühsam. Und sie bringt längst nicht das, was sich der Mensch von seiner Arbeit als Ertrag erhofft. Das ist hier gesagt im Blick auf die bäuerliche Tätigkeit. Kärgliche Ernten wirst du einfahren. Unendlich mühsam und hart wird die Arbeit sein. Und statt Früchten, die du ernten möchtest, wirst du viel mit Dornen und Disteln zu tun haben. Ich bin nie Bauer gewesen und habe auch nicht vor, das je zu werden. Manches an meiner Arbeit als Dozent an einer Universität hat mir viel Spaß gemacht. Aber immer war das auch mühsam und manchmal mühsamer, als ich dachte. Und längst nicht ist das rausgekommen an Ergebnissen, was ich mir dann gewünscht hatte. Alle, die mit Lehren etwas zu tun haben, können ein Lied davon singen. Man wünscht sich meistens viel mehr Ergebnisse, als man dann zu sehen bekommt. Ich denke, was hier im Blick auf die landwirtschaftliche Tätigkeit gesagt ist, das lässt sich auch übertragen auf andere Berufe. Die Mühsal der Arbeit, die ist ja mit dem Kürzerwerden der Arbeitszeiten in den letzten Jahrzehnten immer noch mehr gestiegen. Immer weniger Leute haben Arbeit, und sie müssen immer mehr bewältigen. Der Druck wird immer größer. Die Mühsal der Arbeit, ich glaube, davon können auch Leute, die in der heutigen Arbeitswelt tätig sind, ein Lied singen, auch wenn diese Mühsal nicht in erster Linie körperliche Mühsal ist, wie unser Text das beschreibt von der bäuerlichen Welt her. Die Mühsal und die Kärglichkeit des Ertrages, die sind auch nicht Schöpfungsordnung Gottes von der Art her, wie Gott die Welt konstruiert hat nach dem Zeugnis der Schöpfungsberichte, sondern sie sind Gericht Gottes über unser menschliches sündiges Wesen.

Und am Ende steht: Liebe Menschen, ihr lebt, aber ihr geht auf den Tod zu. Das ist die Grenze, auf die ihr zugeht. Ihr werdet sterben. Ihr werdet zu Erde werden. Dass die Menschen vorher unsterblich gewesen wären, steht nirgends, das habe ich gestern schon betont, aber dass die Menschen in ihrem Leben ständig diese dunkle Perspektive vor sich haben: Wir gehen auf den Tod zu, das ist neu. Vor fünfzig Jahren, als ich Teenager war, hat mich das viel weniger berührt als jetzt, wo ich dem Lebensende deutlich näher bin. Ich weiß nicht, wie lange ich noch vor mir habe, genau so wenig wie Sie. Aber wir alle wissen:

Auf diese dunkle Grenze unseres Lebens gehen wir zu. Und in sehr düsteren Worten ist in unserem Text die Rede davon. Auch wenn nirgends in den ersten beiden Kapiteln steht, dass die Menschen vorher unsterblich gewesen seien, ist doch wohl richtig, wenn viele Ausleger zu unserem Text sagen: So bedrückend, so düster ist von dem Tod als dem unausweichlichen Ende unseres Lebens hier zu den Menschen geredet, die uns in unserer Erzählung schon als sündige Menschen vorgestellt sind. Wir können Gottes Gebot übertreten, aber täuschen wir uns nicht: Gott werden wir nicht los. Gott sieht uns nicht nur. Gott sucht uns auf. Gott zieht uns zur Rechenschaft. Gott antwortet auf unsere Sünde mit seinem Gericht.

Und nun hoffe ich, dass einige sich noch erinnern an eine Einzelheit, auf die ich gestern schon ein bisschen hingewiesen habe. Zu den Spannungen in dem Gesamttext 1. Mose 2 und 3 gehört auch, dass die Gerichtsankündigung, die Gott nach Kapitel 2 Vers 17 angekündigt hatte, in Kapitel 3 so nicht ausgeführt wird. In Kapitel 2 Vers 17 hieß es: *Nur von dem Baum der Erkenntnis des Guten und des Bösen, von dem darfst du nicht essen, denn sobald du davon isst, musst du sterben.* Ich hatte gestern darauf hingewiesen, da steht nicht: Sobald du davon isst, wirst du sterblich, sondern: *Sobald du davon isst, musst du sterben.* Und just das passiert in unserem Kapitel nicht. Das will wahrgenommen werden. Das ist Absicht. Darauf will uns unser Text stoßen. Gott ist inkonsequent, unlogisch, wenn Sie so wollen. Man kann das auch anders sagen: Gott ist gnädig, selbst da, wo vom Gericht Gottes die Rede ist. Es ist nach unserer Erzählung 1. Mose 3 nicht so, dass die Menschen unter dem Gerichtswort Gottes tot umfallen, und aus war es mit der Menschheit. Gott übt Gericht, aber macht dann doch nicht wahr, was er nach Kapitel 2 Vers 17 angekündigt hatte. Gott weicht ab von dem, was er angekündigt hatte, weil Gott nicht lassen kann, gnädig zu sein. Und dass der Gott, von dem die Bibel Zeugnis ablegt, ein Gott ist, der **für** uns Menschen ist, das haben wir ja auch schon in vielfältiger Form an den vergangenen beiden Abenden in dem Zeugnis der verschiedenen Schöpfungsberichte gefunden. In ganz anderer Weise haben wir es hier an unserer Stelle.

Der Rest unseres Textes geht dann relativ schnell: *Und der Mensch nannte seine Frau chawã*, das heißt auf Hebräisch „Leben", deutsch „Eva", auch nach der Zürcher Übersetzung, *denn sie wurde die Mutter aller Lebenden.* Benennen ist ein Hoheitsakt, hat hier aber wohl die Bedeutung: Der Mensch, wenn er seiner Frau diesen Namen gibt, nimmt das Leben auch unter den Bedingungen der Gerichtsworte Gottes immer noch gerne an. So ist es wohl gemeint als ein

Stück Annahme des Lebens, selbst unter den schwierigen Bedingungen, die die Gerichtsworte Gottes an Mann und Frau deutlich gemacht hatten und die auf die Grenzen, die in gewandelter Form oder in gleicher Form bis zu uns Menschen heute reichen, typisch sind für unser menschliches Dasein.

Vers 21: *Und Gott der Herr machte dem Menschen und seiner Frau Röcke von Fell und legte sie ihnen um.* Es musste nicht bei den Feigenblättern bleiben. Gott selbst sorgt für die erste Bekleidungsausrüstung der Menschen. Ein kleines Zeichen, aber wieder ein Zeichen der Fürsorge Gottes für die Menschen, die sein Gebot übertreten haben und denen Gott sein Gerichtswort ausgerichtet hat. Das will auch noch einmal mit besonderer Aufmerksamkeit gehört werden. Auch in unserem Kapitel ist das Gericht Gottes nicht das letzte Wort. Schon die Art, wie Gott Gericht übt, ließ erkennen: Gott weicht von der Ankündigung ab, weil Gott nicht davon lassen kann, gnädig zu sein uns Menschen gegenüber. Und hier, diese kleine zeichenhafte Geste – *er machte ihnen Röcke aus Fell* – unterstreicht diese Wesensart Gottes. Gott geht mit diesen Menschen, die gegen ihn rebelliert haben und die wir bis heute gegen ihn rebellieren, immer noch mit. Gott wendet diesen Menschen nicht den Rücken zu. Er wendet sich ihnen trotz aller Gerichtsworte und Gerichtshandlungen immer noch freundlich zu und gibt ihnen hier eine erste Notausrüstung für das Leben unter den erschwerten Bedingungen, wie wir sie in der Welt bis heute finden. *Er machte ihnen Röcke aus Fell* – ein kleiner Satz, unscheinbar und doch ein Satz, der die freundliche Zuwendung Gottes selbst zu uns Menschen, die wir Gottes Gebot immer wieder übertreten und selbst sein wollen wie Gott, deutlich macht.

Der Schlussabschnitt ist dann wieder ein bisschen zum Schmunzeln. *Und Gott der Herr sprach: Siehe der Mensch ist geworden wie unsereiner* – natürlich nicht wie Gott. Das war die irrtümliche Verheißung, die die Schlange der Frau zugesteckt hatte. Wie Gott sind die Menschen ja nicht geworden. Und das steht auch nicht in Vers 22. Wieder verhüllt sich Gott, indem er sich hier verbirgt oder einreiht in die himmlische Welt, in seinen himmlischen Hofstaat. *Der Mensch ist geworden wie unsereiner* – und das wird dann spezifiziert – *dass er weiß, was gut und böse ist.* Ein bisschen, denke ich, muss man diesen Satz mit Schmunzeln lesen, denn allwissend sind die Menschen auch nicht geworden.

Nun aber, dass er nur nicht seine Hand ausstrecke und auch von dem Baum des Lebens breche und ewig lebe. Der Satz bricht praktisch ab. Leben unter diesen erschwerten Bedingungen, wie sie für uns Menschen typisch sind durch die Jahrhunderte und Jahrtausende der Menschheitsgeschichte, das lohnt sich nicht als zeitlich unbefristetes Dasein. Es ist nicht nur Strafe. Das ist auch Fürsorge Gottes für uns Menschen, dass wir unter diesen Bedingungen es nicht unendlich lange machen müssen.

Vers 23: *So schickte Gott der Herr den Menschen fort aus dem Garten Eden, dass er den Erdboden bebaue, von dem er genommen war. Und er vertrieb den Menschen und ließ östlich vom Garten Eden die Cherube sich lagern und die Flamme des zuckenden Schwertes, den Weg zum Baume des Lebens zu bewachen.* Rückkehr in den Garten Gottes, Rückkehr ins Paradies ist ausgeschlossen. Wir leben alle außerhalb des Paradieses. Und auch die Verfasser unseres Textes gehörten dazu, und soweit sie in ihrem Bekanntenkreis und unter ihren Vorfahren zurückrechneten, kannten die alle auch nur Menschen, die außerhalb des Paradieses lebten. Von solchen Menschen ist unser Text geformt worden und als Zeugnis über Gott und seinem Umgang mit uns Menschen gestaltet worden. Wir leben außerhalb des Paradieses. Wir leben in einem Leben mit vielfachen Grenzen, Mühen und Beschwerden, ob Mann oder Frau. Und das alles ist nicht Gottes Schikane oder Gottes Pfusch bei der Schöpfung, sondern Gottes Gericht über unser sündiges menschliches Wesen. Mann und Frau tragen hier in unserem Text keine Eigennamen. Das hilft uns noch einmal, uns selbst in diesen beiden Figuren wiederzufinden.

Und noch einmal: Unser Text ist ja nicht ein Geschichtsbericht oder eine Reportage von anno dazumal, sondern hält als Erzählung fest, wie wir Menschen unter Gott sind, so dass wir auf Schritt und Tritt die Möglichkeit haben, uns als Menschen hier wiederzufinden. Unsere Geschichte hält uns den Spiegel vor, und wenn wir ehrlich sind, werden wir immer wieder sagen müssen: So sind wir: Menschen, die nur zu gerne wie Gott sein möchten, Menschen, die nur zu gerne alles in die eigene Hand kriegen und das Leben selbst gestalten möchten, Menschen, die schmerzhaft wahrnehmen müssen, dass uns sehr enge Grenzen, manche Mühsal, manches Leid, manche Beschwerde gesetzt ist. Und unser Text sagt: Das hängt mit unserem sündigen Wesen zusammen, mit unserer Rebellion gegen Gott. Aber das ist nicht der letzte Satz unseres Textes. Der letzte Satz unseres Textes heißt: Gott geht selbst mit diesen Menschen mit. Gott hat das Band zu uns sündigen Menschen nicht durchgeschnitten. Sie fielen nicht tot um, sondern Gott machte ihnen Röcke aus Fell als Zeichen, dass Gott mitgeht auf dem Weg, eines Lebens in dieser Welt außerhalb des Paradieses. Das ist eine erste bescheidene Andeutung, und die Bibel fängt hier ja erst an. Sie geht noch unendlich viel weiter, durch das ganze Alte Testament bis hin zum Neuen Testament. Und immer wieder wird das Letzte, was unser Text von Gott und seinem Verhältnis zu uns Menschen sagt, immer wieder aufgenommen bis hin zu dem sehr bekannten Satz aus dem Johannesevangelium im

Neuen Testament: *So sehr hat Gott die Welt geliebt, dass er seinen eingeborenen Sohn gab, auf dass alle, die an ihn glauben, nicht verloren gehen, sondern das ewige Leben haben.* Das ist eine Perspektive, die in unserem Text nur in einem ganz bescheidenen Ansatz angedeutet wird in diesem Zug: *Und Gott machte ihnen Röcke aus Fell.*

Freitag, 17.03.2006
4. Abend der Bibeltage

Was Menschen einander antun
Kain und Abel (1. Mose 4,1–16)

Vorbemerkung

Ich möchte heute Abend mit einer Vorbemerkung beginnen, die diejenigen, die an einem oder mehreren der letzten Abende dabei waren, noch einmal aufmerksam machen soll auf die Art, wie ich an biblische Texte herangegangen bin und sie hier weitergegeben habe. Und die, die heute das erste Mal dabei sind, die kriegen einen Vorgeschmack auf das, was sie heute erwartet.

Diejenigen, die an den letzten Abenden teilgenommen haben, erinnern sich, dass ich bei der Auslegung der Bibeltexte immer auch gefragt habe, um was für eine Art von Texten es sich handelt, welche Überlieferungen wohl aufgenommen sein könnten und wie die Verfasser unserer Texte diese Texte im Einzelnen gestaltet haben. Ich habe also im Hören auf die biblischen Texte immer auch die menschlichen Verfasser und die Bearbeiter mit im Blick gehabt. Ich tue das allgemein so, wenn ich für mich Bibel lese und es mit anderen zusammen und für andere zu tun habe. Mir hilft diese Art des Zugangs, die biblische Botschaft zu verstehen und aufzunehmen. Aber vielleicht ist das für einige von Ihnen sehr ungewohnt und sehr neu gewesen. Mich hat keiner laut gefragt, aber möglicherweise haben einige für sich gedacht: „Na na, wie hält er es eigentlich mit der Bibel als Wort Gottes, wenn der so stark auch die menschliche Seite der Verfasser betont. Ist das noch genügend Respekt vor der Bibel als Wort Gottes?"

Mich würde eine solche Frage nicht umwerfen. Ich würde fröhlich lächelnd und sehr, sehr fröhlich und gewiss sagen, dass ich meine, einen sehr großen Respekt vor der Bibel zu haben. Ich bekenne gerne, dass ich zu den Menschen gehöre, die die Bibel als Wort Gottes an uns Menschen ehren, würdigen und die sich freuen, dass wir die Bibel als das Wort Gottes haben. Das entfalte ich gerne in einem Satz wie dem jetzt folgenden: **Ich achte und ehre die Bibel und höre auf das, was sie sagt als Wort Gottes, das gerichtet ist an uns Menschen** – und das heißt dann auch immer an mich ganz persönlich – **und das auch ausgerichtet ist durch Menschen**, und zwar durch Menschen, die ganz gewiss von Gott berufen und bevollmächtigt waren durch seinen Geist, die aber nichts desto weniger Menschen je ihrer Welt und Zeit blieben.

Einige ganz banale und platte Gesichtspunkte können das deutlich machen. Das Alte Testament ist fast ganz im alten Hebräisch geschrieben und das Neue Testament in Altgriechisch. Deutsch oder Englisch kommt da nicht vor. Es haben Menschen geschrieben, die von Hause aus Hebräisch oder Griechisch sprachen und als Menschen, die aus ihrer Lebenswelt hier von Gott gebraucht wurden, um uns Gottes Wort weiterzugeben. Das merken wir etwa an der sprachlichen Gestalt oder an der Sprache, in der die biblischen Schriften auf uns gekommen sind. Das merken wir aber auch daran, dass wir immer wieder auf Sitten und Gebräuche stoßen, die wir heute so nicht kennen, und umgekehrt, dass Dinge, die für unser Leben heute charakteristisch und wichtig sind, direkt in der Bibel nicht vorkommen. Auch wieder ein ganz blödes Beispiel: Wenn ich hinterm Steuer in unserm Auto sitze und vor mir springt eine Ampel auf Rot, dann frage ich nicht: „Hilf Herr, was muss ich eigentlich jetzt tun?" Dann suche ich auch nicht, ob es etwa eine Bibelstelle gibt, wo „rote Ampel" vorkommt. Sie alle wissen, das ergibt eine Fehlanzeige, und wenn ich die ganze Bibel gründlich durchlesen würde, eine rote Ampel gibt's da nicht.

Unsere Lebenswelt ist vielfach eine andere als die der biblischen Schreiber, und selbstverständlich denken und schreiben die Verfasser der biblischen Texte in den Gedankenbahnen und beeinflusst von den Lebensverhältnissen und Lebensmöglichkeiten, die sie je aus ihrer Welt und Zeit kannten. Und das sind unterschiedliche Zeiträume, weil die Bibel als Ganzes beileibe nicht an einem Tag und auch nicht in einem Jahrhundert, sondern in vielen verschiedenen Jahrhunderten entstanden ist. **Die Bibel, Gottes Wort, gerichtet an uns Menschen und ausgerichtet durch Menschen.**

Manchem mag das ungewohnt erscheinen. Es wäre doch alles viel schöner, wenn ich davon ausgehen könnte: Gott hat zwar Menschen gebraucht, aber ich habe mir das eigentlich immer so vorgestellt, dass die Menschen dabei überhaupt keine Rolle spielten. Sie waren nicht mehr als eine tote Schreibmaschine. Gott hat getippt, oder Gott hat jede Silbe oder jedes Wort in die Feder diktiert.

Wenn Sie meinen, Sie können damit wirklich ehrlich Bibel lesen, versuchen Sie es. Ich kann es nicht. Und ich glaube auch nicht, dass die Bibel fordert, ein solches Verständnis zu entwickeln. Ich habe viel mehr den Eindruck, dass wir staunen müssen und staunen dürfen vor dem Geheimnis Gottes, dass er Menschen als Menschen auch mit ihrer Begrenzung und mit der Eingebundenheit in jeweils ihre Zeit berufen, bevollmächtigt und beauftragt hat, uns Gottes Wort weiterzugeben. Das ist typisch Gott! Denn in einem Menschen, der in der frühen römischen Kaiserzeit gelebt hat, in dem Sohn eines Zimmermanns aus

Nazareth, sein Name heißt Jesus, hat sich nach dem Zeugnis des Neuen Testamentes der eine ewige, lebendige, für uns unvorstellbare Gott letztgültig uns Menschen mitgeteilt. Gott hat diesen Weg gewählt, in dem Menschen Jesus von Nazareth sich uns zu offenbaren. Und Gott hat Menschen, die Menschen waren und Menschen blieben, beauftragt und bevollmächtigt, uns sein Wort zu geben.

So denke ich, und so ist es für mich überhaupt kein Widerspruch, für mich in Anspruch zu nehmen, mit großer Freude und großer Ehrfurcht die Bibel als Wort Gottes zu ehren und zu achten, auf sie als Wort Gottes für andere und für mich zu hören und dabei die menschliche Seite und die Rolle der menschlichen Verfasser durchaus als Verstehenshilfe aufzunehmen.

Das wollte ich hier gerne im Blick auf die Art, wie ich an die Texte herangegangen bin und es auch heute Abend tun werde und in den vor uns liegenden Tagen einmal zusammenhängend so aussprechen. Wenn Sie wollen, können sie dazu gerne Rückfragen oder Stellungnahmen am Schluss abgeben.

Zum Thema

Jetzt aber zu dem Thema und zu dem Text für heute.

Was Menschen einander antun – und man müsste den Satz eigentlich fortsetzen: Das schreit zum Himmel. Von beidem ist in unserem Text die Rede, auch von dem Zum-Himmel-Schreien. Was Menschen einander antun, das schreit zum Himmel. Das ist für uns nicht neu. Die Nachrichten in den Zeitungen und in den elektronischen Medien leben davon, dass sie uns solche Nachrichten Tag für Tag in schöner Regelmäßigkeit ins Haus servieren, und wir wurden an einige Beispiele erinnert. Ich denke an die fast alltägliche Gewalt im Irak, an die fast alltägliche Abfolge von Gewalt und Terror zwischen Israelis und Palästinensern, oder auch an den Umgang mit kleinen Kindern in unserm Land. Nur einige wenige Beispiele, um uns in Erinnerung zu rufen: Das ist unsere Alltagswelt. Davon hören und lesen wir jeden Tag, was Menschen einander antun. Das schreit zum Himmel.

Glücklicherweise sind wir selbst meistens nicht unmittelbar davon betroffen. Gerade beim Reinkommen in dieses Haus deutete mir einer etwas an von den sehr schrecklichen Erfahrungen, die er nach dem 2. Weltkrieg im Zusammenhang mit der Vertreibung von Deutschen aus Polen erfahren hat. Da war jemand unmittelbar in große Leiderfahrung einbezogen. Für uns gilt jedoch zu allermeist, dass wir noch brav im Sessel sitzen vor dem Fernseher oder hinter der Zeitung, wenn wir die schrecklichen Nachrichten an uns herandringen lassen.

Auch für uns, so denke ich, die wir das Glück haben, nicht unmittelbar und direkt in die schrecklich leidvollen Vorgänge in unserer Welt einbezogen zu sein als Leidtragende, auch im Blick auf unser persönliches Leben haben wir vermutlich in unserem kleinen Alltag damit zu tun, dass Menschen vieles einander antun, was nicht gut ist, was uns und andere belastet, was zum Himmel schreit. Konkurrenzkampf und Rivalitäten sind uns vertraut. Sie kommen vor im Alltag einer Schulklasse, im Alltag eines Berufes und oft genug im Alltag einer christlichen Gemeinde. Ich selbst habe gerade in dieser Hinsicht eine ganze Menge Erfahrungen machen müssen, auf die ich sehr, sehr gerne verzichtet hätte. Das gibt es leider auch im christlichen Gemeindealltag immer wieder. Zugegeben, verglichen mit den Nachrichten von dem schrecklichen und ganz unerhörten Leid, von dem unsere Zeitungen und Medien beherrscht sind, ist das alles noch verhältnismäßig harmlos, aber bedrückt hat es mich immer auch und geseufzt habe ich darunter immer auch. Und manchmal bin ich einer von denen, der – manchmal merke ich das, manchmal merke ich das gar nicht einmal – andern zu so einer Last wird, der andere bedrückt, dass die unter mir seufzen und meinen, wie der mit mir umgeht, das schreit doch eigentlich zum Himmel. Zugegeben, unsere Erfahrungen sind meistens viel kleiner kariert, und darüber dürfen wir dankbar sein und uns freuen, wenn uns das ganz große Leid erspart geblieben ist. Aber vermutlich ahnen wir doch, dass die leidvollen Erfahrungen, die wir anderen zufügen und die andere uns zufügen – Konkurrenzkampf, Unrecht in kleinerem Format – zusammenhängen mit den großen Gewalttaten und dem großen Unrecht, das in unserer Welt geschieht. So denke ich, werden wir uns in dem Text heute Abend wiederfinden, auch wenn wir nicht alle auch Mörder und Mörderinnen gewesen sein müssen. Ich hoffe, dass das für uns nicht zutrifft.

Das ist ja charakteristisch für die ersten Kapitel der Bibel: Sie sind nicht Aktenmaterial über die Anfänge der Welt und Menschheitsgeschichte, sondern sie sind Urgeschichte, Urgeschichte in dem Sinne, dass sie anschaubar machen, was wichtig ist als biblisches Zeugnis über Gott und was typisch und charakteristisch ist für uns Menschen, wobei die Bibel von uns Menschen immer spricht als von Menschen unter Gott. Diese Perspektive ist typisch Bibel und gehört als Markenzeichen zu der Art, wie die Bibel von uns Menschen redet. Und nun wird es Zeit, dass ich den Text für heute Abend auch vorlese. Wir finden ihn 1.Mose 4, in den ersten sechzehn Versen dieses Kapitels.

1 Der Mensch aber wohnte seiner Frau Eva bei und sie ward schwanger und gebar den Kain. Da sprach sie: Ich habe einen Sohn bekommen mit des Herrn Hilfe. 2 Und weiter gebar sie den Abel, seinen Bruder. Abel ward ein Schäfer, Kain aber ward ein Ackerbauer. 3 Es begab sich aber nach geraumer Zeit, dass Kain von den Früchten des Ackers dem Herrn ein Opfer brachte. 4 Und auch Abel brachte von den Erstlingen seiner Schafe dar und von ihrem Fette. Und der Herr sah wohlgefällig auf Abel und sein Opfer, 5 auf Kain aber und sein Opfer sah er nicht. Da ergrimmte Kain gar sehr und blickte finster.

6 Und der Herr sprach zu Kain: Warum ergrimmst du und warum blickst du so finster? 7 Ist's nicht also? Wenn du recht handelst, darfst du frei aufschauen; handelst du aber nicht recht, so lauert die Sünde vor der Tür und nach dir steht ihre Begierde; du aber sollst Herr werden über sie! 8 Darauf sprach Kain zu seinem Bruder Abel: Lass uns aufs Feld gehen! Und als sie auf dem Felde waren, erhob sich Kain wider seinen Bruder Abel und schlug ihn tot.

9 Da sprach der Herr zu Kain: Wo ist dein Bruder Abel? Er sprach: Ich weiß nicht. Bin ich denn meines Bruders Hüter? 10 Er aber sprach: Was hast du getan! Horch, das Blut deines Bruders schreit zu mir empor vom Ackerland. 11 Und nun – verflucht bist du, verbannt vom Ackerland, das seinen Mund aufgetan hat, aus deiner Hand das Blut deines Bruders zu empfangen. 12 Wenn du den Acker bebauen wirst, soll er dir hinfort seinen Ertrag nicht mehr geben: unstet und flüchtig sollst du sein auf Erden.

13 Da sprach Kain zu dem Herrn: Meine Strafe ist größer, als dass ich sie tragen könnte. 14 Siehe, du vertreibst mich heute vom Ackerland und ich muss mich vor deinem Angesicht verbergen; unstet und flüchtig muss ich sein auf Erden. So wird mich denn totschlagen, wer mich antrifft. 15 Der Herr aber sprach zu ihm: Nicht also! Wer immer Kain totschlägt, an dem wird es siebenfältig gerächt. Und der Herr versah Kain mit einem Zeichen, dass keiner ihn erschlüge, der ihn anträfe.

16 Also ging Kain hinweg vom Angesichte des Herrn und wohnte im Lande Nod, östlich von Eden.

Der Anfang des Textes verknüpft unsere Geschichte sehr eng mit den beiden voraufgehenden Kapiteln, der Geschichte von der Erschaffung der Menschen, 1. Mose Kapitel 2, und der Geschichte vom Sündenfall, so nennen wir sie in der Regel, in 1. Mose Kapitel 3. Die Menschen haben den ihnen zugewiesenen Platz unter Gott nicht angenommen. Sie fanden es attraktiv, sein zu wollen wie Gott. Typisch Mensch in Vergangenheit und Gegenwart, so sagten wir uns gestern. Das Ergebnis war, dass Spannungen und Störungen in das Verhältnis zwischen den Menschen kommen und sie schämen sich voreinander – und erst recht Störungen im Verhältnis gegenüber Gott. Gott sieht nicht untätig zu, wenn wir Menschen sein Gebot in den Wind schlagen, es missachten und eigene Wege gehen. Gott antwortet mit seinem Gericht. Darüber haben wir uns gestern verständigt. Und dazu gehörte, dass die Menschen in dem Garten, den Gott gepflanzt hatte – wir sprechen in der Regel vom Paradies – dass sie dort nicht bleiben konnten, sondern außerhalb des Paradieses zu leben hatten. Aber Gott ging mit ihnen mit und gab ihnen eine erste Notausstattung für das Leben außerhalb des Paradieses in der Gestalt der Röcke aus Fell.

Das alles ist vorausgesetzt, daran knüpft unser Text mit seinem ersten Vers unmittelbar an. Der Mensch aber wohnte seiner Frau Eva bei, sie schliefen miteinander, Eva wurde schwanger und gebar den Kain. Da sprach sie – das kommt im Alten Testament oft vor, wenn Mütter ein Kind zur Welt gebracht haben oder wenn Vätern diese Nachricht überbracht wird, dann brechen sie in Jubel aus, geben dem Kind einen Namen und das wird in der Regel dann begründet. So ist das hier von Eva gesagt. Da sprach sie: *Ich habe einen Sohn bekommen mit des Herrn Hilfe.* Der Urtext ist hier noch etwas kühner. Was die Eva wörtlich sagt, kann ich mir gar nicht so vorstellen. Wörtlich ist das so formuliert: „Ich habe einen Mann gewonnen in dem Herrn." Das bezogen auf einen Säugling, der gerade seinen ersten Schrei hinter sich hat, finde ich doch ein bisschen kühn. „Ich habe einen Mann gewonnen im Herrn". So steht das wörtlich in unserer hebräischen Bibel. Ich denke, gemeint ist dieser Winzling, dieser Säugling, und deshalb finde ich die Zürcher Übersetzung und andere Übersetzungen, die dann sagen oder übersetzen, „ich habe einen Sohn gewonnen in dem Herrn" oder „mit des Herrn Hilfe", in der Sache gar nicht so verkehrt. Eine jubelnde Begrüßung dieses neuen Erdenbürgers durch die Mutter, damit endet Vers 1. Und Vers 2 schließt dann kurz und bündig an, es bleibt nicht bei diesem einen Kind, es gibt eine neue Schwangerschaft, eine neue Geburt und sie, die Eva, sie gebar den Abel, seinen Bruder.

Abel spielt eigentlich nur eine untergeordnete Rolle in diesem Kapitel, das wird auch daran deutlich, dass Abel fast immer als Bruder von Kain angesprochen wird. Auf Kain liegt das deutlich größere Interesse unseres Textes. Der Name Abel wird nicht sonderlich erklärt. Für hebräische Leser wäre das kein Problem, und wenn wir ein Wörterbuch in die Hand nehmen und damit umgehen können, dann würden wir finden: *chäbel* – das steht hier als Name für Abel – heißt *Windhauch*, im Sinne von *Hauch*, *nichts*, *vergänglich*. Das ist also kein besonders kräftiger Name, sondern ein Name, der mit dem Inhalt unserer Geschichte aufs engste zusammenhängt: Der macht's offenbar nicht lange. Das hängt mit der Wortbedeutung dieses Namens Abel aufs engste zusammen. Soweit werden diese beiden Brüder also eingeführt.

Und nun springt unser Text schnell weiter. In Vers 3 sind beide Jungs schon erwachsen. Wir erfahren noch in Vers 2: *Abel aber wurde ein Schäfer, Kain aber wurde ein Ackerbauer.* Die beiden sind also herangewachsen, und wir erfahren etwas über ihre berufliche Tätigkeit. Nicht zufällig werden die beiden Tätigkeiten genannt, die die Grundlage der Wirtschaft in Palästina in alter Zeit waren: Viehzucht und Ackerbau. Schafhirte war der Abel und Ackerbauer der Kain.

Nun zu unserem neuen Abschnitt Vers 3-5: *Es begab sich aber nach geraumer Zeit, dass Kain von den Früchten des Ackers dem Herrn ein Opfer brachte. Und auch Abel brachte von den Erstlingen seiner Schafe dar und von ihrem Fett. Und der Herr sah wohlgefällig auf Abel und sein Opfer, auf Kain aber und sein Opfer sah er nicht. Da ergrimmte Kain gar sehr und blickte finster.*

Ich vermute, dass sie im Blick auf diese Verse jetzt viele Fragen stellen möchten, und ich muss Sie wieder enttäuschen wie an der einen oder anderen Stelle gestern Abend auch schon und an andern Abenden. Viele Fragen, die hier kommen, kann ich nicht beantworten, weil der Text sie auch nicht beantwortet. Woher jetzt plötzlich diese etablierte Form des Gottesdienstes, dass ein Altar errichtet wird und dass auf dem Altar geopfert wird? Woher wissen Kain und Abel, dass man Gott so ehren kann? Der Text setzt das einfach voraus. Er verliert keine Silbe darüber. Wie kommen die Brüder darauf zu opfern? Dass der eine ein Tier von seiner Herde opfert, der andere Erträge vom Ackerbau, das leuchtet uns noch am ehesten ein. Das hängt mit der beruflichen Tätigkeit dieser beiden ja aufs engste zusammen. Aber woher sie wussten, dass opfern Sinn macht, dass man Gott so ehren kann, und wie sie dazu kamen, das jetzt plötzlich zu tun, darauf gibt unser Text keine Antwort.

Ich habe es gestern schon einmal gesagt und ich wiederhole es gerne, weil oft das Gegenteil gesagt wird. Die Bibel beantwortet nicht alle unsere Fragen, die wir vielleicht haben. Die Bibel sagt uns, was von Gott her im Blick auf Gott und sein Verhältnis zu uns Menschen wichtig ist, und da sagt sie uns allemal genug. Aber sie beantwortet beileibe nicht alle Fragen, die uns aus Neugier vielleicht auch noch interessieren. Und hier bin ich sehr neugierig. Ich habe eine Menge Fragen. Einige habe ich gerade angedeutet, aber darauf finde ich keine Antwort. Leute, die sich eine Antwort zutrauen, die haben auch nur unsere Bibel. Sie finden in ihrer Bibel auch nichts. Die haben nur Phantasie und lassen sie spielen. Und das ist etwas Schönes. Ich habe nichts gegen Phantasie, jeder kann seine Phantasie spielen lassen. Nur eins sollten wir nicht tun, die Ergebnisse unserer Phantasie als Wort Gottes ausgeben. Das sollten wir bitte nicht tun. Dann dürfen wir gerne unsere Phantasie spielen lassen. Sobald wir Bibel lesen und Bibel auslegen, sollten wir aber immer auch sagen: Darauf gibt der Text keine Antwort. Das ist hier ja noch verhältnismäßig harmlos. Sie können wahrscheinlich alle damit leben, dass unser Text nicht erklärt, wieso die beiden plötzlich dazu kamen zu opfern. Aber dann geht's ja weiter.

In der zweiten Hälfte von Vers 4 heißt es: *Und der Herr sah wohlgefällig auf Abel und sein Opfer, auf Kain aber und sein Opfer sah er nicht.* Wie kommt Gott dazu, diese beiden Opfer so unterschiedlich anzusehen, und woher haben die beiden Brüder das gemerkt? Mindestens Kain muss das ja wahrgenommen haben. Aus dem Kindergottesdienst und einer alten Kinderzeitung weiß ich, bei einem Altar stieg der Rauch senkrecht nach oben, beim andern blieb er waagerecht unten auf der Erde. Auch das ist ein Stück Phantasie. Das steht hier nicht im Text. Wir erfahren das leider nicht, und das finde ich schon ein bisschen aufregender und ärgerlicher, dass uns unser Text auch diese Frage nicht beantwortet.

Alttestamentler, die mir sehr geholfen haben, das Alte Testament zu verstehen, sagen natürlich: Wir müssen uns an den Text halten, und da bleiben viele Fragen, die wir haben, offen. Man kann vielleicht versuchen, sich an anderen Stellen im Alten Testament umzusehen, ob man da vielleicht Aussagen über Gott bekommt, die einem eine Hilfestellung geben können, auch hier auf dem Vermutungswege eine Vorstellung zu entwickeln, die mehr ist als nur unsere Phantasie. In einer Begegnung Gottes mit Mose sagt Gott einmal zu Mose: *Wem ich gnädig bin, dem bin ich gnädig. Und wessen ich mich erbarme, dessen erbarme ich mich.* Gott hat dem Mose zugemutet: Du, Mose, kannst über mich nicht verfügen. Ich, Gott, entscheide, wie ich, Gott, handle und denke. Die Freiheit Gottes, zu handeln oder auch nicht zu handeln, die Freiheit Gottes im Umgang mit uns Menschen, die wird in der Bibel immer wieder betont. Die könnte hier eine Rolle spielen. Aber noch einmal: Das wäre ein Versuch, aus einer Geschichte, die wir aus dem Bereich der Mosegeschichten haben, hier auf dem Vermutungswege vielleicht eine Teilantwort abzuleiten. Den Vers, den ich gerade zitiert habe, finden wir 2. Mose 33,19.

Wir könnten auch – da habe ich leider die Stelle nicht notiert – an einen Satz aus dem Buch Hiob denken. Hiob sagt es einmal so: *Wer darf Gott fragen, was tust du?* Nicht auf alle Fragen im Blick auf Gottes Handeln erhalten wir Menschen eine Antwort.

Das ist ärgerlich, das passt uns vielleicht nicht, und wir sind dann wieder in der Lage, die ich gestern schon einmal andeutete. Jetzt haben wir nur zwei Möglichkeiten. Entweder wir fordern von Gott, genau so zu sein, wie ich ihn haben will – das ist Gottlosigkeit, so werde ich Gott nie finden, weder in der Bibel, noch sonst wo! – oder ich lasse mir gefallen, wie Gott mir sein Wort gibt, hier in unserem Kapitel. Und dann stoße ich an die Grenzen, die Gott mir zumutet. Hier habe ich eine Menge Fragen, auf die der Text keine Antwort gibt.

Kain kriegt also mit – ohne dass ich erklären könnte, wie und wieso, und ohne dass ich genau erklären könnte, warum Gott auf diese beiden Opfer so unterschiedlich reagiert – Kain kriegt das mit, und dann heißt es am Ende von Vers 5: *Da ergrimmte Kain gar sehr und blickte finster.* Das kennen wir. Neid auf den anderen, Konkurrenzkampf. Das gibt es in unserem Alltag in vielen Spielarten, einmal mehr, einmal weniger. Nur eins sollten wir bitte nicht denken, dann verkennen wir unsere Geschichte: Kain ist nicht von Gott verworfen! Was immer die unterschiedliche Reaktion Gottes auf diese beiden Opfer bedeutet und worin immer die Brüder das gemerkt haben, eins wäre grob falsch: der Gedanke, Gott hätte mit Kain gebrochen. Kain wäre von Gott verlassen. Das Gegenteil ist richtig, denn gleich als nächstes erfahren wir, dass Gott sich redend Kain zuwendet. Das kann man unserem Text also unmittelbar entnehmen. Kain von Gott verworfen, davon kann keine Rede sein.

Damit sind wir auch schon bei dem Beginn des nächsten Absatzes, Vers 6: *Und der Herr sprach zu Kain: Warum ergrimmst du und warum blickst du so finster? Ist's nicht also? Wenn du recht handelst, darfst du frei aufschauen; handelst du aber nicht recht, so lauert die Sünde vor der Tür und nach dir steht ihre Begierde; du aber sollst Herr werden über sie.*

Gott hat die Beziehung zu Kain mitnichten abgebrochen. Väterlich fürsorglich wendet sich Gott in seiner Anrede Kain zu und spricht mit ihm. Väterlich fürsorglich macht er Kain bewusst, in welcher Lage er sich befindet: *Warum ergrimmst du und warum blickst du so finster? Ist's nicht also? Wenn du recht handelst, darfst du frei aufschauen; handelst du aber nicht recht, so lauert die Sünde vor der Tür.* Kain, vergiss nicht, du befindest dich in einer schwierigen Situation. Du vergräbst dich in Neid und Konkurrenzneid. Das ist überaus gefährlich. Wenn du recht tust, darfst du frei aufschauen, sonst verbeißt du dich in dich selbst. Und im Fortgang der Gottesrede an Kain am Ende von Vers 7 erfahren wir etwas noch viel Großartigeres: *Wenn du aber nicht recht handelst, so lauert die Sünde vor der Tür und nach dir steht ihre Begierde; du aber sollst Herr werden über sie.* Auch hier warnt Gott den Kain: Kain, du bist gefährdet. Wie ein Raubtier – dieses Bild klingt hier ein bisschen an – lauert die Sünde vor deiner Tür. Auf dich möchte sie gerne Zugriff haben. Aber Gott traut dem Kain zu, darum warnt er ihn ja: Kain, du sollst nicht diesem lauernden Raubtier Sünde zum Opfer fallen. Deine Berufung ist – und ich erinnere dich noch einmal daran: *Du aber herrsche über sie.* Lass dich nicht unterkriegen von der Versuchung. Gott traut Kain zu, mit der Anfechtung, mit seinem Neid und Groll fertig zu werden. Gott traut Kain zu, nicht zu sündigen. Gott mahnt den Kain, klärt ihn über seine Situation auf, warnt ihn und sagt ihm: Du, ich traue dir das zu, und ich sage dir das noch einmal: Das ist jetzt deine Aufgabe, dich nicht auf die Sünde und eventuelle sündige Reaktionen bei dir einzulassen, sondern sie abzuweisen, über sie zu herrschen. Gott traut Kain das zu.

Wer von uns wollte da noch sagen: Dieser Kain ist von Gott von vornherein abgeschrieben und verlassen. Das Gegenteil ist richtig. Das macht der Fortgang unserer Geschichte ganz deutlich. Und auch das andere wird deutlich. Das steht in Übereinstimmung mit dem, was wir in anderer Weise gestern schon kennen gelernt haben. Gott reagiert auf die Übertretung seines Gebotes durch die Menschen mit Gerichtsworten und mit Gerichtshandeln. Schon daran wird deutlich, wenn wir Menschen an Gott vorbei leben, Leben aus eigenem Recht und aus eigener Kraft gestalten wollen, dann ist das kein Verhängnis, das über uns kommt, dann ist das nicht ein Schicksal, dem wir ohnmächtig ausgeliefert sind. Die Bibel spricht von unserer menschlichen Sünde immer so, dass wir verantwortlich sind und niemand sonst. Das haben wir auch hier so. Hier sagt Gott nur: Lieber Kain, das ist meine Erwartung an dich und das ist meine Berufung für dich: Gib nicht der Sünde nach, sondern herrsche über sie.

Unsere Geschichte fährt mit Vers 8 fort: *Darauf sprach Kain zu seinem Bruder Abel...* Sie haben in der Zürcher Übersetzung: *Lass uns aufs Feld gehen.* Hier haben wir eine der Stellen, wo die handschriftliche Überlieferung unseres biblischen Textes einige Schwierigkeiten macht. Der hebräische Text hat in Vers 8: *Darauf sprach Kain zu seinem Bruder Abel.* Punkt. *Und als sie auf dem Felde waren, erhob sich Kain.* Was Kain zu Abel sagte, das fehlt in der hebräischen Bibel. Die griechische Übersetzung der hebräischen Bibel und eine syrische Übersetzung – die habe ich nie gesehen, ich habe nur gelesen, es gibt sie und es gibt offenbar auch noch Leute, die so etwas lesen und ins Deutsche übersetzen können – die griechische Übersetzung und die syrische Übersetzung der hebräischen Bibel haben an dieser Stelle den Hilfssatz: *Lass uns aufs Feld gehen.* Aus dem Zusammenhang macht das einigermaßen Sinn, denn noch im selben Vers sind ja Kain und Abel auf dem Feld und es passiert Entsetzliches.

Nun, das kommt vor, wir haben die Bibel nicht nur von menschlichen Verfassern. Dass wir sie als Text haben, hängt auch damit zusammen, dass fleißige Leute sie immer und immer wieder abgeschrieben haben, und dabei kann auch einmal etwas übersehen werden, ein Schreibfehler unterlaufen oder eine Auslassung passieren. Schreiben Sie doch einmal eine Zeitung ab und vergleichen Sie nachher, wie viele Fehler Sie gemacht haben. Da kann man hohen Respekt kriegen vor der hohen Genauigkeit, mit der unsere Bibelhandschriften abgeschrieben sind. Aber auch da gibt es das eine oder andere Problem, und dafür gibt es in der Wissenschaft Spezialisten, die wissen sich damit herumzuschlagen.

Zurück zu unserem Vers 8. Kain und Abel begeben sich aufs Feld, und nun wird ganz undramatisch und in schrecklicher Kürze der Knackpunkt unserer

Geschichte mitgeteilt: *Und als sie auf dem Felde waren, erhob sich Kain gegen seinen Bruder Abel und schlug ihn tot.* Kain hat die Warnung Gottes, die Mahnung Gottes und die Berufung Gottes nicht angenommen. Kain hat seinem Ärger, seinem Neid auf seinen Bruder Raum gegeben und ihn kurzerhand umgebracht. Die Sünde ist geschehen.

Und ähnlich wie wir es gestern Abend bei der Betrachtung des dritten Kapitels im ersten Mosebuch gesehen haben, wiederholt es sich hier. Die beiden Geschichten in 1. Mose 3 und 1. Mose 4 sind in dem Geschehensablauf sehr nah miteinander verwandt und haben sehr viele Parallelen. Bei dem Text gestern hielten wir fest: Kaum haben die Menschen das Gebot Gottes übertreten, müssen sie damit leben, dass Gott ihnen auf die Pelle rückt. Und das ist ihnen sehr unangenehm. Hier haben wir wieder dasselbe. Kaum ist der Brudermord geschehen, heißt es im nächsten Vers 9: *Da sprach der Herr zu Kain.* Wir Menschen können sündigen. Das verwehrt Gott uns nicht. Die Freiheit traut und mutet er uns zu. Das ist immer wieder zu betonen. Gott will nicht, dass wir sündigen, aber Gott gängelt uns nicht als willenlose Marionetten, sondern möchte, dass wir in freiem Gehorsam sein Gebot befolgen. In unserm Kapitel mit dem Brudermord ist das nicht passiert, genauso wie im Kapitel vorher mit dem Essen der ersten Menschen von dem Baum der Erkenntnis des Guten und Bösen. Kaum ist das Vergehen geschehen, kaum haben wir Menschen gesündigt, ruft das Gott auf den Plan.

Da aber sprach der Herr zu Kain: Wo ist dein Bruder Abel? Das sind die ersten beiden Fragen aus dem Mund Gottes, die wir in unserer Bibel finden. *Mensch, wo bist du?* (Kapitel 3 Vers 9) und *Wo ist dein Bruder?* (Kapitel 4 Vers 9): Diese Fragen Gottes müssen wir uns gefallen lassen. Gott fragt uns in doppelter Richtung: Nach unserem Verhältnis zu ihm: *Mensch, wo bist du?* Wie hast du es gehalten mit dem, was ich dir vorgegeben habe? Und: Wie verhältst du dich gegenüber deinen Mitmenschen? *Wo ist dein Bruder Abel?* Und noch einmal: Auch für unseren Text gilt: Er ist nicht Reportage für eine Episode aus grauer Vorzeit, die längst vorbei ist, sondern hier wird uns vor Augen gehalten, wie wir Menschen sind. Und täuschen wir uns nicht, auch wir haben leider die Freiheit, an Gottes Gebot kräftig vorbei zu leben. Aber auch uns rückt Gott mit seinen Fragen auf den Pelz: Mensch, wo bist du? Mensch, wo ist dein Bruder?

Kain antwortet mit einem schlechten Witz. Erst kommt er mit einer glatten Lüge: Ich weiß nicht. Und dann schiebt er einen schlechten Witz hinterher: Soll ich meines Bruders Hüter sein? Hier müssen wir uns erinnern, der Abel war ja Hirte: Soll ich den Hirten hüten? Das ist ja wohl ein bisschen zu viel verlangt. Ein Hirte hat sein Vieh zu hüten. Er braucht doch seinerseits keinen Hüter. Das ist in diesem Zusammenhang ein schlechter Witz, und damit lässt Gott sich auch nicht abspeisen. Genauso wenig, wie er sich im Kapitel vorher von den Ausreden der Menschen hat abspeisen lassen.

Gott aber sprach zu Kain: Was hast du getan? Horch, das Blut deines Bruders schreit zu mir empor vom Ackerland. Ähnlich wie wir im Kapitel 3 das verhörende Gespräch Gottes mit den Menschen hatten, haben wir hier das verhörende Gespräch Gottes mit Kain. Wo ist dein Bruder? Und wenn Kain versucht, dieser Frage auszuweichen, ihr zu entkommen, lässt Gott das nicht zu: *Was hast du getan?* Vers 10: *Horch, das Blut deines Bruders schreit zu mir empor vom Ackerland.* Und nun muss gar nicht weiter gefragt und geantwortet werden.

Gott antwortet auf den Mord, den Kain an seinem Bruder Abel begangen hat, mit seinem Gericht. Und das fällt eher noch schrecklicher aus als das Gericht Gottes über die Menschen, mit dem wir uns im Kapitel von gestern befasst haben. Auch hier müssen wir uns, wenn wir an Vers 11 herangehen, erinnern: Kain war ja Ackerbauer, der von der Landwirtschaft lebte, und für ihn heißt es nun: *Verflucht bist du, verbannt vom Ackerland.* So übersetzt die Zürcher Übersetzung. Sie gliedert in zwei verschiedene Worte auf, was im Urtext ein einziges Wort ist. Wörtlich übersetzt müsste man eigentlich sagen: Hinwegverflucht sollst du sein von der Ackererde. Also geht es nicht in erster Linie darum, dass Kain verflucht ist, sondern er soll weg von der Ackererde. Und das ist in der Tat ein Fluch Gottes für den Kain, denn die Bebauung der Ackererde war ja bisher die Lebensgrundlage von Kain. Hinwegverflucht bist du vom Ackerland, das seinen Mund aufgetan hat, aus deiner Hand das Blut deines Bruders zu empfangen.

Vers 12 erklärt dem Kain, was das bedeutet: *Wenn du den Acker bebauen wirst, soll er dir hinfort seinen Ertrag nicht mehr geben. Unstet und flüchtig sollst du sein auf Erden.* Du kannst versuchen, lieber Kain, weiter Landwirtschaft zu betreiben, ernten wirst du nicht mehr. Und also wirst du deinen Lebensunterhalt anders und ärmlicher organisieren müssen, als du das durch die Landwirtschaft bisher gemacht hast. Kain wird das Leben eines Beduinen, unstet und flüchtig am Rande des Kulturlandes in ärmlichen Verhältnissen fristen. Wahrhaftig eine bedrückende Aussicht, und das hat Kain sehr genau verstanden.

Wenn wir dann in die nächsten Verse (13-14) gucken, antwortet Kain mit einem entsetzten Aufschrei. Kain geht nicht in sich. Dass er bußfertig wäre, sagt unser Text nicht. Kain antwortet mit einem entsetzten Aufschrei, als Gott dieses Gerichtswort über ihm ausspricht. Da sprach Kain zum Herrn: *Meine Strafe ist größer, als dass ich sie ertragen könnte.* Und nun wiederholt Kain noch einmal in etwas anderen Worten, was Gott gerade zu ihm gesagt hat: *Siehe, du vertreibst mich heute vom Ackerland und ich muss mich vor deinem Angesicht verbergen, unstet und flüchtig muss ich sein auf Erden.* Und Kain weist jetzt auf die Konsequenz hin, die das für ihn haben wird. In der Fremde ist man rechtlos und schutzlos. Von daher schließt Kain seinen Aufschrei ab mit dem Ausruf: *So wird mich denn totschlagen, wer mich antrifft.*

So schlecht wäre das für den Mörder gar nicht, denken wir vielleicht. Jedenfalls dann nicht, wenn wir meinen, Todesstrafe wäre doch etwas Gutes. Für Kain, den Betroffenen, ist das einen Aufschrei wert: So habe ich doch überhaupt keine Chance mehr. So kann ich nicht leben. Diese Strafe ist größer, als dass ich sie tragen könnte.

Wenn jetzt Vers 16 käme: *Also ging Kain hinweg vom Angesicht des Herrn und wohnte im Lande Nod, östlich von Eden,* wäre das verständlich. Der Kerl, der seinen Bruder umgebracht hat, hat's doch nicht besser verdient. Das Unrecht, der Brudermord, schrie doch so zum Himmel, dass diese Strafe durchaus angemessen ist. Da würden wir von unserer Gefühlswelt her Gott wahrscheinlich nicht tadeln. Soweit ginge die Sache in Ordnung, umso mehr, als sie ja nicht uns trifft. Wir haben ja noch keinen Mord begangen. Wir haben ja noch niemanden umgebracht.

In unserem Text steckt aber noch eine Sensation, und das ist der Vers 15, den ich gerade übersprungen habe.Er ist das eigentlich Aufregende an unserer ganzen Geschichte von Kain und Abel: *Der Herr aber sprach zu Kain: Nicht also! Wer immer Kain totschlägt, an dem wird es siebenfältig gerächt. Und der Herr versah Kain mit einem Zeichen, dass keiner ihn erschlüge, der ihn anträfe.* Fragen Sie mich gerne: Wie sah das Zeichen aus? Ich weiß es genauso wenig wie Sie. Wieder eine der Fragen, die ich gerne an den Text stellen würde, aber der Text beantwortet sie nicht. Damit muss ich leben, und damit müssen Sie auch leben.

Aber die eigentliche Sensation, die steht ja deutlich genug im Text, und die will gewürdigt werden. Dieser Mörder Kain, dem Gott strafend mit seinem Gerichtswort begegnet war, der ist Gott immer noch nicht los. Der ist immer noch nicht gott-los, wie wir das im Deutschen als Wortspiel sagen können. Und wenn ich für den Anfang der Geschichte betonte: Jeder Gedanke, dass Gott mit Kain gebrochen hätte, verbietet sich in unserer Geschichte, dann gilt das sogar noch am Ende, nachdem der Brudermord geschehen ist. Der Mord bleibt Mord und gefällt Gott in Vers 15 genauso wenig wie in den vorhergehenden

Strafworten. Die Strafe bleibt ja auch und das Gericht bleibt, aber – und das erinnert diejenigen, die gestern Abend da waren, hoffentlich an unsren Text von gestern – das Gerichtswort Gottes und das Gericht Gottes ist nicht das letzte Wort. Das ist typisch biblisches Reden von Gott. Darum wiederholt sich das in unserem Kapitel. Das Gericht ist nie das letzte Wort Gottes uns Menschen gegenüber. Insofern ist bereits das Alte Testament Evangelium, denn wir befinden uns hier auf den ersten Blättern des Alten Testamentes. Am Ende des Textes, den wir gestern miteinander bedachten, haben wir das bereits zur Kenntnis genommen. Gott ließ die Menschen am Leben, Gott machte ihnen Röcke aus Fell. Hier hat sich, ähnlich wie die Strafe sich gesteigert hat gegenüber dem Kapitel von gestern Abend, auch die Zuwendung Gottes zu dem Brudermörder Kain noch einmal gesteigert. Gott macht ein Zeichen, dass Kain unter den besonderen Schutz Gottes stellt.

Ich denke, niemand von uns liest unsere Geschichte so, dass das Ergebnis wäre: Ach, wir können ruhig andere Leute umbringen. Gott lässt da schon mit sich handeln. Das ist nicht die Botschaft unseres Textes. Aber die Botschaft unseres Textes ist sehr wohl: Gott kapituliert nicht einmal vor unserer Sünde, wenn wir es so weit treiben, dass wir den Bruder umbringen. Gott spricht uns auf unsere Schuld an. Gott antwortet auf unsere Schuld mit seinem Gericht. Aber das Gericht ist auch in unserer Geschichte nicht das letzte Wort.

Hier leuchtet etwas auf, auf den ersten Blättern der Bibel, was inhaltlich aufs engste zusammenhängt mit der Mitte der ganzen Bibel, mit der Mitte des Evangeliums, des neutestamentlichen Zeugnisses von der Offenbarung Gottes in Jesus Christus. Zwei Texte möchte ich zitieren, aus denen das beispielhaft deutlich wird. Es gäbe auch sehr viele andere. Ich denke an das dritte Kapitel im Johannesevangelium. Da kommt eines Nachts ein Mann namens Nikodemus, ein Schriftgelehrter, zu Jesus und sie beginnen ein Gespräch über Gott und die Welt, Gott und die Menschen. Und dann weist Jesus diesen Nikodemus darauf hin: Du kennst dich doch aus in den Schriften deines Volkes. Da hat doch Mose einmal in der Wüste eine Schlage erhöht und ein Zeichen gesetzt, wie Gott seinem Volk helfen wollte. So wie Mose in der Wüste eine Schlange erhöht hat, so wird der Menschensohn erhöht werden, auf dass alle, die an ihn glauben, nicht verloren gehen. Das weist, noch verschlüsselt, den Nikodemus auf den Weg hin, den Jesus vor sich hat, auf den Weg an das Kreuz und in die Auferstehung. Mehr theologisch ausformuliert hat das Paulus, 2. Kor. 5,19-21: *Gott versöhnte in Christus die Welt mit sich selbst, indem der ihnen ihre Übertretungen nicht anrechnete und in uns das Wort der Versöhnung legte. So sind wir nun Gesandte für Christus, indem Gott durch uns ermahnt; wir bitten für Chri-*

stus: *Lasst euch versöhnen mit Gott! Er hat den, der von keiner Sünde wusste, für uns zur Sünde gemacht, damit wir in ihm die Gerechtigkeit würden, die vor Gott gilt.*

Gott kapituliert nicht vor unserer menschlichen Sünde. Es geht hier nicht einfach um einen Kain von vor langer Zeit. Auch die Geschichte von heute Abend ist ein Stück Urgeschichte, die typisch Menschliches im Verhältnis zu Gott sichtbar macht. Von daher kommt uns diese Geschichte und dieser Kain unmittelbar nahe. Aber eben von der Mitte des Neuen Testamentes her gilt auch für uns und können wir genauer ausführen, was der Schluss unserer Geschichte als Gottesrede an Kain mitteilt.

Gott kapituliert nicht vor meiner und auch nicht vor Ihrer Sünde. Gott hat für uns eine Erlösung geschaffen, Das Neue Testament bezeugt es als seine Mitte und das Alte Testament läuft darauf hinaus, dass Gott eine Antwort auf unsere menschliche Sünde gefunden hat. Er hat unsere Schuld auf sich selbst genommen in Jesus Christus. An unserer Statt ist Jesus den Tod am Kreuz gestorben; zu unserem Heil hat Gott ihn auferweckt, und er, Jesus, tritt für uns ein. Die Einladung, das für uns gelten zu lassen, dazu ja zu sagen, das ist die Aufforderung, die mit der Verkündigung des Evangeliums verbunden ist. Sünde bleibt Sünde, bei uns wie bei Kain. Und Gott will nicht die Sünde, bei uns genau so wenig wie bei Kain.

Wir sollten Gott nicht verniedlichen. Gott antwortet auf unsere menschliche Sünde mit seinem Gericht. Von der Mitte des Neuen Testamentes her dürfen wir aber sagen, mit einem Gericht, das Gott in Jesus Christus selbst auf sich genommen hat. Und an uns ergeht die Einladung – Paulus sagt es so: *Wir bitten an Christ statt: Lasst euch versöhnen mit Gott!* Lasst das für euch gelten. Stellt euch positiv dazu, sagt: Jawohl, das nehme ich dankbar von dir, Gott, an, dass du vor meiner Sünde nicht kapituliert hast, sondern dass du sehr viel mehr für mich getan hast, als am Schluss unserer Geschichte von Kain und Abel angedeutet und zeichenhaft deutlich wird. Von der Mitte des Neuen Testamentes her können wir es viel besser entfalten und mit dem Blick auf den Weg Jesu Christi viel klarer uns und anderen verdeutlichen.

Samstag, 18.03.2006
5. Veranstaltung der Bibeltage (Bibelnachmittag)
Gott und das Unheil in der Welt
Die Sintflut (1. Mose 6,5 bis 8,22)

„Gott und das Unheil in der Welt", unter diesem Motto wollen wir die Kapitel 1. Mose 6 bis 8 im Alten Testament, die Geschichte von der Sintflut, betrachten. Ich freue mich, dass wir dazu auch ein wenig außerbiblisches Material mit einbeziehen können. Ich habe an den vergangenen Abenden immer gesagt, dass die erzählenden Texte auf den ersten Blättern unserer Bibel mit bekannten Erzählungen arbeiteten, die zum großen Teil außerhalb Israels geworden sind, die dem alttestamentlichen Israel bekannt waren und mindestens gleichzeitig, oft schon vorher auch den Nachbarvölkern.

Heute bin ich in der glücklichen Lage, ihnen einmal ein Beispiel davon in deutscher Übersetzung vorlegen zu können. Das konnte ich ja bisher nur einmal. Da hatte ich keinen Text aus dem Alten Orient, sondern eine spätere Bezugnahme auf eine ältere Überlieferung durch den augusteischen Dichter Ovid. Heute haben wir nun eine ausgeführte Sintflutgeschichte, und wir sind in der glücklichen Lage, eine solche als Vergleich zu unserem biblischen Sintflutbericht studieren zu können. Es handelt sich um die Sintflutgeschichte aus dem Gilgamesch-Epos, die uns in Keilschrift auf Tontafeln erhalten ist.

Die biblische Sintflutgeschichte ist aus zwei verschiedenen Berichten zusammengearbeitet. Ausleger haben diese beiden Erzählfäden wieder auseinander genommen, und ich finde es zum Verständnis der Besonderheiten des biblischen Zeugnisses von der Sintflut hilfreich, hier zunächst gesondert die einzelnen Erzählfäden zu betrachten. Sie stammen vom Jahwisten, so heißt das in der Wissenschaftssprache, weil Jahwe, der alttestamentliche Gottesname von Anfang an gebraucht wird. Dafür steht die Abkürzung J. Die Sintflut J ist der ältere biblische Sintflutbericht. Der andere findet sich in der Priesterschrift, abgekürzt durch den Buchstaben P. Das wäre der jüngere biblische Sintflutbericht.

Um uns in das Motto einzustimmen „Gott und das Unheil dieser Welt" wurden wir schon an das Stichwort „Tsunami" erinnert, man könnte es ergänzen durch die große Erdbebenkatastrophe in Kaschmir, durch den Hinweis auf große und kleine Unglücke, Krieg und Gewalt, Katastrophen und Elend. Immer wieder kommt dann bei uns meistens zaghaft und leise die Frage auf: Wo bleibt eigentlich Gott dabei? Und manchmal fragen das auch laut unsere nicht-christlichen Nachbarn und treiben uns mit dieser Frage in die Enge: Warum lässt Gott so viel Unheil zu? Warum wendet er es nicht ab?

Die Studierenden, mit denen ich in den letzten Jahren zusammengearbeitet habe an der Universität Hamburg, hatten vom Zweiten Weltkrieg und den Jahren danach überhaupt keine Ahnung mehr. Das war fast so weit weg wie der Kaiser Augustus, der in mein Fach gehört. Die Generation, die den Zweiten Weltkrieg erlebt hat – dazu gehöre ich nicht mehr, ich bin Jahrgang 1941, ich war schon dabei, habe ihn aber nicht wirklich erlebt – für die Generation des Zweiten Weltkrieges hat Wolfgang Borchert, einer der Dichter, der diese schreckliche Zeit miterlebt hat, in seinem Drama „Draußen vor der Tür" die Frage nach Gott verarbeitet. Ihm ist es nicht mehr möglich, von einem „lieben Gott" zu sprechen angesichts der schrecklichen Erfahrungen, die die Generation des Zweiten Weltkrieges machen musste. Er kann nur noch fragen: Lieber Gott, wo warst du denn lieb? Einige wenige Zitate aus seinem Stück: Ein Landser führte ein Selbstgespräch oder ein Gespräch mit Gott: „Wann bist du eigentlich lieb, lieber Gott? Wo warst du, als die Bomben brüllten, lieber Gott? Oder warst du lieb, als von meinem Spähtruppe elf Mann fehlten? Warst du in Stalingrad lieb, lieber Gott? Warst du lieb, wie? Ja? Wo warst du denn eigentlich lieb, Gott? Wann hast du dich jemals um uns gekümmert, Gott?" Da bleibt nur ein einziges dickes Fragezeichen. Eine Antwort gibt dieses Stück nicht. Unglück in der Welt führt vielfach zu der Frage: Warum wendet Gott das nicht ab? Wenn Gott lieb sein wollte, wo war er denn lieb beim Tsunami? Wo war er lieb im Sudan in den letzten Jahren oder im Kongo? Und nun könnten wir die ganzen politischen und Naturkatastrophen zusammenzählen und kommen immer wieder auf die bedrängende Frage, wie Gott sich dazu verhält.

Ähnliche Fragen stehen gewiss auch hinter unserem biblischen Sintflutbericht und auch hinter unserem außerbiblischen Sintflutbericht (siehe Anhang, Seite 96f.). Auf Tontafeln in Keilschrift ist eine große akkadische Dichtung – die Akkader waren ein Volk aus dem antiken Mesopotamien, aus dem Gebiet des heutigen Irak – erhalten geblieben, nicht ganz unverstümmelt, aber doch einigermaßen vollständig, so dass man den Text zusammenhängend lesen, verstehen und dann auch ins Deutsche übersetzen kann. Dieser Text stammt wohl aus dem 12. Jahrhundert vor Christus.

Der jahwistische, also der ältere Teil des biblischen Sintflutberichtes, wurde lange Zeit in das 10. Jahrhundert vor Christus datiert, in die Zeit des Königs Salomo. Viele heutige Alttestamentler sagen, er muss später entstanden sein. Wie immer, ins 12. Jahrhundert vor Christus, wie das Gilgamesch-Epos zu datieren ist, kommen wir nicht.

Die Erfahrung einer großen Flutkatastrophe, die eine ganze Stadt ausradiert hat im antiken Mesopotamien, ist in dem Flutbericht aus dem Gilgamesch-Epos verarbeitet. Im Anhang findet sich, soweit der Text erhalten ist, die deutsche Übersetzung. Ich werde nicht alle Verse lesen, sondern immer nur einige Auszüge. Zunächst beginne ich mit Vers 14: *Eine Sintflut zu machen beschlossen die großen Götter.* Klar, die außerisraelitischen Völker des Altertums kannten Götter immer nur in der Mehrzahl. *Eine Sintflut zu machen beschlossen die großen Götter.* Nun überspringe ich drei Zeilen. *Unter ihnen,* also unter den Göttern, *saß Ninschiku-Ea; ihre Worte* – also das, was die Götter in ihrem Rat beschlossen – *ihre Worte sagte er* – nicht zu einem Menschen, aber – *zu einem Haus weiter.* Zufällig war auch ein Mensch in dem Haus. So verrät also Ninschiku-Ea, einer der mesopotamischen Götter, das, was die Götter beschlossen haben, nämlich eine Sintflut zu machen. *Ihre Worte sagte er zu einem Rohrhaus weiter. Rohrhaus, Rohrhaus! Wand, Wand! Mann von Schurippak* – das ist die Stadt, die durch die Flut ausradiert wird – *Sohn des Ubartutu, reiße das Haus ab und erbaue ein Schiff. Lass fahren den Besitz, kümmere dich um das Dasein. Gib das Gut hin, sichere das Leben. Nimm ins Schiff allerlei Lebewesen!* Nun überspringe ich vier Zeilen. *Ich* – das ist jetzt Gilgamesch, der Mann aus Schurippak – *ich verstand es und sprach zu Ea, meinen Herrn: „Die Weisung, Herr, die du mir soeben gegeben hast, werde ich genau beachten und nach ihr handeln!"*

Nun springe ich zu Vers 80 bis 161. Inzwischen ist berichtet worden, wie Gilgamesch seine Arche, sein Schiff gebaut hat. *Alles, was mein war, lud ich hinein. Was ich an Silber hatte, lud ich ein. Was ich an Gold hatte, lud ich ein. Was ich an allerlei Lebewesen hatte, lud ich ein. Ich ließ meine ganze Familie und Sippe ins Schiff gehen. Vieh des Feldes, Wild und alle Handwerksmeister lud ich ein.* Die Handwerker, die mitgebaut hatten, die durften also auch mit einsteigen.

Eine Frist hatte mir Schamasch gesetzt – das ist der Sonnengott. Diese Frist kam heran. Vers 91: *Ich betrachtete das Aussehen des Wetters. Das Wetter war furchtbar anzusehen. Da trat ich ins Schiff und schloss mein Tor.* Zwei Zeilen lasse ich aus, dann bin ich bei Zeile 96: *Beim ersten Morgendämmern kam eine schwarze Wolke vom Horizont herauf. In ihr donnerte Adad* – das ist der Wettergott. Drei Zeilen später heißt es: *Eragal reißt den Pfosten heraus* – das ist offenbar der Gott der Unterwelt – *Ninurta geht und lässt die Deiche überfließen.* Ich überspringe fünf, sechs Zeilen und mache weiter: *Einen Tag lang brauste der*

Südsturm, blies gewaltig, um die Berge zu überfluten. Nach einem Tag Dauerregen also steht die Welt unter Wasser. Das ist kühn, und unsere Erfahrungen bestätigen das nicht. Aber so ist das hier dichterisch gestaltet.

Zeile 113: *Vor dieser Flut gerieten die Götter in Furcht. Sie flohen hinauf zum Himmel des Anu.* Das ist der höchste unter den mesopotamischen Göttern. *Sie flohen hinauf zum Himmel des Anu, kauern wie Hunde. Sie lagern draußen. Ischtar* – das ist die Göttin der Fruchtbarkeit – *Ischtar schreit wie eine Frau in Wehen. Es klagt die Götterherrin mit wohllautender Stimme: „Wäre doch jener Tag zu Lehm geworden, da ich in der Götterversammlung Böses gebot! Wie konnte ich im Götterrat Böses befehlen, den Kampf zur Vertilgung meiner Menschen gebieten!"*

Ich fahre fort ab Zeile 127: *Sechs Tage und sieben Nächte hält an der Orkan, die Flut, macht eben, der Südsturm das Land. Erst als der siebente Tag herankam, hielt der Südsturm die Flut, das Rasen auf.* Die übernächste Zeile: *Ruhig wurde das Meer, der Sturm legte sich, die Flut hörte auf. Ich schaute nach dem Wetter: Stille war eingetreten. Und alle Menschen waren zu Lehm geworden.* Sie lebten nicht mehr. Drei Zeilen später: *Niedergebeugt saß ich und weinte.*

Noch einmal vier Zeilen später läuft die Arche nun auf Grund. *Am Berge Nisir legte das Schiff an.* Und nun acht Zeilen später, Zeile 145 folgende: *Als der siebente Tag herankam, sandte ich eine Taube aus, und ließ sie frei. Die Taube flog weg, kam aber wieder, kein Rastplatz fiel ihr ins Auge, daher kehrte sie zurück. Ich sandte eine Schwalbe aus, ließ sie frei. Die Schwalbe flog weg, kam aber wieder. Kein Rastplatz fiel ihr ins Auge, daher kehrte sie zurück. Da sandte ich einen Raben aus, ließ ihn frei. Der Rabe flog weg, sah, dass sich die Wasser nun verlaufen hatten, fand Fraß, flatterte umher, krächzte und kehrte nicht mehr zurück. Da ließ ich alle hinausgehen in die vier Winde, brachte ein Opfer dar und goss ein Trankopfer aus auf dem Berggipfel.* Drei Zeilen später: *Es rochen die Götter den Duft. Die Götter rochen den süßen Duft. Wie Fliegen scharten sich die Götter um den Opfernden.* Soweit der vorliegende Text.

Ich ergänze noch ein Nachwort, das die Götter untereinander austauschen. Die Götter haben sich also wie Fliegen um das Opfer des Gilgamesch geschart, das er nach der Sintflut darbrachte. Und offenbar mit etwas Verspätung kommt Enlil dazu. *Sobald wie Enlil herzugekommen, sah das Schiff und ergrimmte Enlil. Voller Zorn ward er über die Igigigötter. Eine Seele wäre entronnen? Überleben sollt niemand das Verderben. Ea tat zum Reden den Mund auf* – eben der Gott, der die ganze Sache verraten hatte – *Ea tat zum Reden den Mund auf und sprach zu Enlil, dem Helden: O Held, du Klügster unter den Göttern! Ach, wie machtest du unüberlegt die Sintflut?![1]*

So verarbeitet diese alte orientalische Dichtung die Erfahrung einer großen Flutkatastrophe, die eine ganze Stadt ausradiert hatte. Die Flut wird zurückgeführt auf eine willkürliche Entscheidung der Götter. Einer hat die Idee. Die anderen finden das gar nicht so schlecht. So kommt die Flut. Aber die Götter halten ihr Vorhaben nicht geheim. Sie sind ganz menschlich geschildert. Einer sagt die Sache weiter, und so kommt es, dass dann einer der Menschen sich doch ein Schiff baut, mit seiner Familie und seinen Helfern und den Tieren überlebt.

Sie merken als Leute, die die biblische Sintflutgeschichte kennen, dass sich auch im Gilgamesch-Epos viele Motive finden, mit denen auch der biblische Sintflutbericht arbeitet. Auch das Aussenden von Vögeln, nachdem die Arche gelandet ist, findet sich in unserem biblischen Sintflutbericht wieder. Und auch dass die Menschen, die gerettet worden sind, nach der großen Flut zuerst den Göttern opfern, hat seine Entsprechung im biblischen Sintflutbericht. Die Götter, so unsere orientalische Dichtung, rochen den Duft und scharten sich wie Fliegen um das Opfer, froh, dass da noch jemand war, der sich um sie, die Götter, kümmerte und der ihnen ein Opfer darbrachte. Als die Flut dem Höhepunkt zustrebte, da gerieten ja auch die Götter in Angst. Sie flohen in Angst und Schrecken zum Himmel. Ischtar schrie wie eine Frau bei der Entbindung. Sie fürchteten sich vor dem, was sie ins Werk gesetzt hatten. Und als sie sich dann freuen, dass doch einer überlebt hat und dass es noch Opfer für die Götter gibt, kommt der Enlil und sagt: Wie bitte? Das ist ja wohl ein Betriebsunfall, dass da noch ein Mensch überlebt hat. Das wollten wir doch gerade nicht. Und Ea entgegnet ihm: *Ach, du klügster unter den Göttern, wie unüberlegt machtest du die Sintflut.*

Katastrophen in der Welt als eine Laune der Götter, ein Betriebsunfall? Wie unüberlegt haben die Götter hier gehandelt. Sie wussten ja gar nicht, was sie da aus einer Augenblickslaune heraus beschlossen hatten. Und als die ganze Sache dann wirklich passiert, da fliehen sie zitternd und kauernd zum Himmel des Anu hinauf und hoffen, dass die Flut irgendwann vorübergeht. Letztendlich sind sie glücklich, dass es immer noch Menschen und Tiere gibt, die das Unglück überlebt haben. So sprachen die Orientalen von ihren Göttern.

---

[1] Das Gilgamesch-Epos, neu übersetzt von Albert Schott, durchgesehen und ergänzt von Wolfram von Soden, Reclam-Universal-Bibliothek Leipzig 1958, S. 93 (Zeilen 170-173 und 177-179).

Die Leute der Bibel wissen: Der Gott, der sich Israel offenbart hat, ist anders. Von ihm muss man völlig anders reden. Und sein Verhältnis zu Katastrophen in der Welt muss man völlig anders bestimmen.

Wenn ich mich nun dem biblischen Sintflutbericht zuwende, so möchte ich die beiden Erzählfäden, die in ihm zusammengearbeitet sind, getrennt nacheinander besprechen. Die Trennung des jahwistischen und des priesterschriftlichen Berichtes ist von der alttestamentlichen Wissenschaft in mehreren Generationen erarbeitet worden. Ich übernehme das Ergebnis so, wie es Gerhard von Rad in seiner Auslegung des 1. Mosebuches vorgelegt hat. (Der Text findet sich im Anhang, S. 98).

Die beiden in 1. Mose 6 bis 8 zusammengearbeiteten Fassungen der Sintflutgeschichte lassen sich leicht an der jeweils gebrauchten Gottesbezeichnung erkennen. Der Jahwist benutzt den Gottesnamen „Jahwe", was in unseren Bibeln in der Regel mit „der Herr" wiedergegeben wird, während die Priesterschrift die Bezeichnung „Gott" gebraucht. Darüber hinaus können aufmerksame Bibelleser feststellen: Die zeitliche Länge der Sintflut ist einmal mit 40 und einmal mit 150 Tagen angegeben. Da gibt es also innerhalb unseres biblischen Sintflutberichtes einen Widerspruch, der sich ganz einfach daraus erklärt, dass zwei verschiedene Fassungen zusammengearbeitet worden sind.

Auch was die Tiere, die an Bord der Arche mitgenommen werden sollten, angeht, so gibt es da Abweichungen in der Zahl. Es gibt nur eine Schwierigkeit. In Kapitel 7 Vers 8 und 9 haben wir Verse, die mit guten Gründen der jahwistischen Darstellung zugeordnet werden. Hier ist aber vermutlich – das ist meine Vermutung – beim Zusammenarbeiten insofern ein Fehler unterlaufen, als hier die Gottesbezeichnung „Gott" stehen geblieben ist. Und es geht dann plötzlich je ein Paar Tiere an Bord der Arche. Der Jahwist unterscheidet sonst sieben für die reinen Tiere Paare und ein Paar von den unreinen. Hier sind zweimal priesterschriftliche Einzelheiten des Sintflutberichtes in die jahwistische Darstellung reingekommen, vermutlich beim Zusammenarbeiten. Warum weiß ich nicht. Ich muss damit leben, genau wie Sie auch.

Diejenigen, die schon am ersten Abend unserer Bibeltage dabei waren, erinnern sich: Wir haben auch zwei Schöpfungsberichte, nacheinander berichtet. In 1. Mose 1 die Priesterschrift und 1. Mose 2 – Schwerpunkt Erschaffung des Menschen – die jahwistische Schöpfungsgeschichte. Die Schöpfung konnte man zweimal erzählen, um so mehr als der jahwistische Schöpfungsbericht ja in gewisser Weise als Erläuterung eines Teils des priesterlichen Schöpfungsberichtes gelten konnte. Der jahwistische Bericht interessiert sich weniger für das Weltganze als für die Erschaffung des Menschen. Die große, alle Welt vernichtende Sintflut konnte man dagegen nur einmal erzählen. Das ist wohl der Grund, weshalb hier der jahwistische ältere und der priesterschriftliche jüngere biblische Bericht zusammengearbeitet sind. Wenn man auf die Feinheiten des Textes achten will, und das wollen wir ja üben, dann kann es hilfreich sein, die getrennten Fäden erst einmal für sich anzugucken.

Ich wollte heute nicht nur referieren, sondern heute sollten Sie zunächst selbst arbeiten. Ich möchte bitten, dass einige Tischgruppen sich jetzt eine halbe Stunde lang den jahwistischen Sintflutbericht und andere den priesterschriftlichen Sintflutbericht ansehen. Der ist etwas länger. Den Abschluss, Gottes Bund mit Noah, Kapitel 9, lassen wir bitte weg, nicht, weil er unwichtig wäre oder nicht dazu gehörte, aber damit wir mit der Zeit hinkommen. Wir nehmen bitte nur den priesterschriftlichen Sintflutbericht von Kapitel 6 bis Kapitel 8 Ende. Ich möchte bitten, dass wir erste Eindrücke zu sammeln, und ich empfehle zu fragen: Was spricht mich unmittelbar an? Was sticht als Besonderheit in diesem Sintflutbericht heraus? Und drittens: Was habe ich nicht verstanden? Ich habe immer wieder die Erfahrung gemacht, dass die wichtigsten Aspekte dabei zur Sprache kommen.

[*Gruppengespräche*]

[*J. Molthagen geht anschließend auf Gesprächsbeiträge aus den Gruppen ein, daher der Bruchstück-Charakter mancher der folgenden Äußerungen.*]

Zu den Zeitangaben im Flutbericht: Wichtig ist vor allem, dass in der Priesterschrift die Sintflut unverhältnismäßig länger dauert als in dem jahwistischen Bericht. Ich wies ja schon einmal darauf hin: 40 Tage Regen sind es beim Jahwisten. 150 Tage steigt das Wasser in der Priesterschrift, und bis sich alles verlaufen hat, ist fast ein Jahr vergangen. Die Katastrophe dauert in der Priesterschrift etwa ein Jahr lang. In dem außerbiblischen Flutbericht aus dem Gilgamesch-Epos ging alles mit einer Woche ab. Die Verfasser der Priesterschrift haben ganz richtig gemerkt, wenn man von einer Weltkatastrophe berichten will, kann man das nicht mit einer Woche und auch nicht mit sechs, sieben Wochen abtun. Da muss man mehr Zeit ansetzen.

Das Alter Noahs von 600 Jahren: Sie kennen die hohen Altersangaben aus den ersten Kapiteln der Bibel. Die hängen mit einiger Wahrscheinlichkeit zusammen mit außerbiblischen sehr hohen Altersangaben, die wir aus dem Zweistromland etwa für Könige der Urzeit haben. Die bringen es locker auf eine längere Lebenszeit als zehntausend Jahr. Je näher zum Urzustand sie gelebt haben sollen, desto endlos länger wird ihre Lebenszeit vorgestellt. Keiner der Schreiber war dabei. Nehmen wir das einfach zur Kenntnis als Vorstellung der Leute, die solche Texte geschrieben haben. Die wollten damit ein Staunen erwecken vor der Lebenskraft der Menschen, die dem Urzustand noch ziemlich nahe waren. Für ihre eigene Lebenswelt galt das überhaupt nicht.

Wenn wir fragen: Wie alt wurden in alttestamentlicher Zeit die Leute, dann hilft uns eine durchschnittliche Lebenserwartung nicht weiter, weil die Säuglingssterblichkeit so hoch war. Wenn man das Kinder- und Jugendalter überstanden hatte, dann konnte man auch in alttestamentlicher Zeit, wenn man Glück hatte, 70 Jahre alt werden und wenn es hoch kommt, so sind es 80. Sie kennen den Psalmvers: Unser Leben währt siebzig Jahre und wenn es hoch kommt, so sind es achtzig. Grundsätzlich müssen wir aber davon ausgehen, dass Menschen in alttestamentlicher Zeit insgesamt weniger alt wurden als wir heute.

Zum jahwistischen Bericht wurde bemerkt: Am Anfang steht betont der Hinweis auf die Bosheit der Menschen. Diese Feststellung kommt scheinbar plötzlich und unvermittelt. Dazu muss ich sagen: Zwischen dem jahwistischen Schöpfungsbericht in 1. Mose 2 und dem Beginn des jahwistischen Sintflutberichtes stehen ja noch 1. Mose 3 die Geschichte vom Sündenfall und 1. Mose 4 die Geschichte von Kain und Abel. Das sind die Texte, die wir vorgestern und gestern miteinander bedacht haben. Und dann stehen in den Kapiteln, die wir in unser Programm für diese Woche nicht aufgenommen haben, noch andere kurze Stücke, die alle darauf hinauslaufen: Die Bosheit der Menschen nimmt zu. Die Geschichte vom Sündenfall machte deutlich: Die Menschen lassen sich die Platzanweisung Gottes nicht gefallen. Sie wollen aus eigener Macht leben, sein wie Gott. Das nächste Kapitel machte deutlich: Das Verhältnis untereinander stimmt nicht mehr. Der Mensch erschlägt seinen Bruder, Kain den Abel. Gott hatte den Kain trotz allem unter seinen besonderen Schutz gestellt. Wer sich an Kain vergreift, der sollte siebenfältig bestraft werden. In den von uns übersprungenen Kapiteln kommt ein kleines Lied vor von einem Herrn namens Lamech. Der prahlt, wie sehr er sich selbst schützen könne, und meint: *Kain sollte siebenmal gerächt werden. Ich räche mich siebzigmal.* Die Eigenmächtigkeit und Selbstherrlichkeit, die schon in der Geschichte vom Sündenfall vorkommt, ist also erheblich gesteigert im Lamechlied. Der Jahwist hat also über mehrere Stationen erzählt, wie die Bosheit der Menschen von Kapitel zu Kapitel zunimmt, so dass der Beginn unseres Textes nur zusammenfasst, was in den vorhergehenden Erzählungen vom Jahwisten anschaulich gemacht worden ist.

Anders die Priesterschrift. Deren Art zu reden, die lehrhafte Art, in der jeder Satz inhalts- und bedeutungsschwer ist, haben wir ja an ihrem Anfang, dem ersten Schöpfungsbericht, schon kennengelernt. Die Priesterschrift erzählt nicht, wie die Bosheit auf Erden überhand genommen hat. Sie stellt aber, und damit stimmt sie inhaltlich mit dem jahwistischen Flutbericht hundertprozentig überein, in Kapitel 6 Vers 11 fest: *Aber die Erde war verderbt vor Gott und die Erde füllte sich mit Gewalttat.* In Vers 12 heißt es dann: *Als nun Gott die Erde ansah, da war sie verdorben, denn alles Fleisch führte einen verdorbenen Wandel auf Erden.* Die Priesterschrift wiederholt ihre Feststellung, damit deutlich wird: Das ist die Ausgangslage. Und da stimmen beide Flutberichte überein: Die Katastrophe, von der die Sintflutgeschichte berichtet, ist alles andere als eine Augenblickslaune Gottes. So war das ja in dem Gilgameschepos dargestellt. Die Götter Mesopotamiens wussten selbst nicht, was sie taten, und erschraken hinterher über das, was sie angerichtet hatten. So kann man von dem Gott, der sich in der Bibel bezeugt, nicht reden. Der weiß immer, was er tut. Der weiß auch, warum er handelt. Nur wir wissen das nicht immer. Und dem entgleiten nie und nimmer die Zügel. Der muss sich nicht in den Himmel flüchten und jammern. Absolut unmöglich, so von Gott zu reden. Das tut die Bibel auch nirgends. Gott stellt fest: Die Erde ist voller Bosheit, und die geht von den Menschen aus.

Aber, nun bitte ich, dass wir noch einmal in den jahwistischen Bericht gucken, da ist noch ein anderer Akzent gesetzt. Gott ist über die Bosheit der Menschen zu tiefst entsetzt, nicht im Sinne von erschrocken, sondern im Sinne von „es bekümmert ihn". Genau das wagt der Jahwist in der Einleitung seines Flutberichtes zu formulieren. Dass er wenig Hemmungen hat, von Gott höchst menschlich zu sprechen, haben wir ja schon kennengelernt. So ist es auch hier. Es heißt: *Als aber der Herr sah, wie groß der Menschen Bosheit auf Erden war, und dass ein jegliches Gebilde seiner Herzensgedanken* – das sind nicht Gottes Herzensgedanken, sondern die der Menschen – *nur noch böse war allezeit, da reute es den Herrn, das er den Menschen auf Erden gemacht hatte und er bekümmerte sich in seinem Herzen.*

Gott leidet mit an dem, was wir Menschen verpfuscht haben. Es bekümmert Gott zutiefst. Was hier abläuft, ist nicht eine Augenblickslaune Gottes. Er antwortet auf die Bosheit in der Welt, auf die Bosheit, die von uns Menschen ausgeht. Und Gott leidet selbst an dem, was er jetzt tun muss, um seiner Heiligkeit und Wahrheit willen. Von beidem redet die Bibel immer, wenn sie von Gott redet – das haben wir auch in unserem Text. Am Anfang haben wir das Element der Wahrheit Gottes. Gott kann nicht einfach zusehen, wenn wir Menschen so böse sind. Gott ist ein heiliger Gott, der auf unsere menschliche Sünde antwortet, aber dem nicht nur einfach der Kragen platzt, sondern der zutiefst bekümmert ist und mitleidet an dem, was jetzt geschehen muss.

Springen wir in den priesterschriftlichen Flutbericht. Da heißt es in Kapitel 6 Vers 13: Gott sprach zu Noah: *Das Ende alles Fleisches ist vor mir beschlossen, denn die Erde ist durch sie voller Gewalttat; so will ich sie mit der Erde vertilgen. Mache dir eine Arche.* Gott informiert Noah über das, was er vorhat. Nicht, weil da einer petzt von den vielen mesopotamischen Göttern. Sondern wir haben vorher in der Priesterschrift erfahren, *Noah war ein Gerechter und vollkommener Mann unter seinen Zeitgenossen.* So wird er herausgehoben, und damit verstehen wir ein bisschen, warum Gott sich an ihn wendet, ihm seine Pläne mitteilt und Noah auffordert: Baue dir eine Arche.

Noch ist schönes Wetter. Noah kann noch nichts ahnen von dem, was da kommen soll. Er weiß nur, Gott hat ihm gesagt: Das Ende allen Fleisches, allen Lebens, ist von mir beschlossen. Mach dir eine Arche! Und wenn Noah dann tatsächlich anfängt zu bauen, dann können wir verstehen, warum im Neuen Testament der Hebräerbrief im 11. Kapitel sagt: Aus Glauben baute Noah die Arche, da er Befehl empfangen hatte von Gott. Dazu gehört schon eine ganze Portion Gottvertrauen – so wie es uns auch abverlangt wird. Niemand von uns hat Gott gesehen. Niemand von uns kann Jesus oder die Wahrheit der Bibel beweisen. Wir sind aber zutiefst überzeugt davon. Wir versuchen, Glauben an den Gott, der sich in der Bibel mitteilt, anderen zu vermitteln und haben doch nichts in der Hand. Wir sind angewiesen auf unser Verhältnis zu Gott, das zuerst und zuletzt durch das Wort Glauben beschrieben ist. Darauf war auch Noah angewiesen, wenn er überleben wollte. Und die Sintflutgeschichte berichtet: Jawohl, Noah hat sich das, was Gott ihm mitgeteilt hat, sagen lassen und hat die Anweisung Gottes befolgt.

An dieser Stelle setzt der jahwistische Bericht einen besonderen Akzent. Dass er nicht ganz ohne Textausfall auf uns gekommen ist, hatten wir ja schon kennengelernt. Es muss auch vom Jahwisten erzählt worden sein, dass Gott Noah aufforderte, eine Arche zu bauen, und dass Noah sie gebaut hat. In Kapitel 7 Vers 1 ist die fertige Arche vorausgesetzt. *Da sprach der Herr zu Noah: Gehe du mit deinem ganzen Hause in die Arche, denn dich habe ich vor mir gerecht befunden in diesem Geschlecht.* Hier – und nicht schon in der Einleitung des jahwistischen Berichtes – haben wir eine Begründung, wieso Noah Gnade vor den Augen des Herrn gefunden hat. Hier sagt Gott zu Noah: *Dich habe ich vor mir gerecht befunden.* Und jetzt springen wir gleich zu Kapitel 7 Vers 4: *Denn noch sieben Tage, dann will ich regnen lassen auf die Erde vierzig Tage und vierzig Nächte und alle Wesen, die ich gemacht habe, vom Erdboden wegtilgen.* Erst jetzt als die Arche fertig ist und als Gott dem Noah sagt: Gehe bitte in die Arche und nimm die Tiere mit, erst jetzt sagt im jahwistischen Flutbericht Gott zu Noah, wozu das alles gut ist: Denn ich habe beschlossen, alles Leben auf Erden zu vernichten, oder wie es hier heißt: *Noch sieben Tage, dann will ich regnen lassen auf die Erde vierzig Tage und vierzig Nächte und alle Wesen, die ich gemacht habe, vom Erdboden wegtilgen.* Das heißt, nach dem jahwistischen Flutbericht hat Gott Noah aufgefordert, eine Arche zu bauen, ohne zu begründen, weshalb. Noah baut nicht nur auf dem Trockenen und bei trockenem Wetter eine Arche, ein Schiff, sondern er weiß noch nicht einmal, wozu er das gebrauchen soll.

Anders die Priesterschrift. Da sagt Gott: *Das Ende alles Fleisches ist von mir beschlossen,* darum baue eine Arche. Auch da kommt Noah nicht ohne Glauben aus, sonst würde er die Arche nicht gebaut haben. Der Jahwist hat dies noch ganz besonders herausgearbeitet: Noah baut eine Arche auf dem Land bei gutem Wetter, ohne zu wissen, was Gott vorhat. Wir haben also hier die Glaubensprobe, auf die Gott Noah stellt, noch zugespitzt. Erst als die Arche fertig ist, informiert Gott Noah über die Pläne, die er vorhat.

Noah kann sich also mit seiner Familie und mit den Tieren in die Arche retten, und dann kommt die Flut. Sechs Wochen Regen, und dann steht die Welt unter Wasser. Die Priesterschrift berichtet viel gewaltiger von der Weltkatastrophe, die die Sintflut darstellt. Da muss man sich zurückerinnern an 1. Mose 1, den ersten Schöpfungsbericht, der ja auch zur Priesterschrift gehört. Zu Beginn schafft Gott Ordnung und errichtet so Schritt um Schritt die Rahmenkonstruktion der Welt. Er schafft eine Himmelsfeste und scheidet das Wasser über der Himmelsglocke von dem Wasser darunter. Dann befiehlt Gott, dass das Trockene sichtbar wird, sodass Meer und Land unter der Himmelsglocke erkennbar werden. So haben wir nach und nach die geordnete Welt. Gott schafft einen Kosmos. Der Kosmos ist das Ergebnis der Schöpfung Gottes. Im priesterschriftlichen Sintflutbericht pssiert nun nichts Geringeres, als dass Gott seine Schöpfung zurücknimmt. Das Chaos tritt wieder ein. Die Schleusen des Himmels werden geöffnet, das Wasser oberhalb der Himmelsglocke kann durch die Himmelsglocke hindurchfallen, und die Brunnen der Urflut brechen auf, so dass von oben und unten das Chaos wieder kommt. Wir haben hier nicht nur sechs Wochen Regen. Die Priesterschrift weiß, wenn man von der Weltkatastrophe berichten will, dann geht es um nichts Geringeres, als dass Gott seine Schöpfung in Teilen zurücknimmt. Das ist in der Tat die Weltkatastrophe.

Daher finde ich es so hilfreich, wenn man zunächst die beiden Stränge, die in unserem biblischen Bericht zusammengearbeitet sind, auseinander nimmt. Dann kann man im Vergleich die einzelnen Akzente besser wahrnehmen. Die Sintflut bedeutet nichts Geringeres als das, was der Jahwist in der Einleitung gesagt hatte: *Da gereute es Gott, dass er den Menschen gemacht hatte.* Gott empfindet so etwas wie Reue im Blick auf die Schöpfung. Gott nimmt seine Schöpfung – das wäre dann die Priesterschrift – in Teilen zurück. Ein bisschen kommt das Chaos wieder und macht die Schöpfung Gottes kaputt, nicht weil Gott seine Macht verloren hätte, sondern weil Gott über diese Welt Gericht hält. Gott behält selbstverständlich auch in der Priesterschrift immer die Fäden in der Hand.

Zurück zum jahwistischen Flutbericht. Der Jahwist ist ein meisterhafter Erzähler, der sich nicht nehmen lässt, immer wieder auch Einzelzüge, ohne die ein nüchterner Bericht auch auskommen könnte, einzufügen. Und manchmal gibt es dann logisch sogar ein Problem. Der Jahwist vermerkt, als Noah in die Arche gegangen ist: *Und Gott schloss hinter ihm ab* – eine Geste der Fürsorge Gottes. Gott sorgt dafür, dass Noah auch wirklich gesichert ist in der Arche. Im Grunde sollte man das an einer späteren Stelle berichten. Aber dass der Jahwist an solch einem Einzelzug die Fürsorge Gottes besonders hervorhebt, ist charakteristisch für seine Erzählweise.

Zum Ende der Sintflut, als das Wasser sich verlaufen hatte, teilt der priesterschriftliche Flutbericht nur kurz mit: *Da sandte Noah einen Raben aus; der flog hin und her, bis das Wasser von der Erde vertrocknet war.* Mehr braucht es auch nicht. Aber der Jahwist erzählt jetzt im Einzelnen, wie Noah immer neue Versuche macht. Er lässt eine Taube fliegen. Die kommt aber zurück, denn sie findet nur Wasser. Bei einem erneuten Versuch bringt die Taube ein frisches Ölblatt mit. Da weiß Noah, dass sich die Wasser verlaufen haben. Als dann die Taube nach einem dritten Versuch nicht wieder zurückkehrt, folgert Noah: Nun ist draußen wieder gutes Land. Nun kann man die Arche verlassen.

Theologischer akzentuiert die Priesterschrift. Dort führt Gott die Regie. Er fordert Noah auf, die Arche zu verlassen, und daraufhin geht Noah mit seiner Familie und allen Tieren aus der Arche.

Es gehört offenbar zur Flutgeschichte, so wie sie auch außerbiblisch bekannt war, dass das Erste, was die Menschen nach der Sintflut taten, war ein Opfer zu bringen – den vielen Göttern im Gilgameschepos, dem einen lebendigen Gott, den die Bibel bezeugt, im jahwistischen Sintflutbericht. Und dann heißt es: *Als der Herr den Geruch der Beruhigung roch...* Wir haben beim Jahwisten immer wieder festgestellt: Er hat nicht die geringsten Hemmungen, von Gott bildhaft höchst menschlich zu reden. Aber das hat selbst beim Jahwisten Seltenheitswert: Gott roch den Geruch des Opfers. So drastisch redet der Jahwist höchst selten von Gott. Da das Motiv auch im Gilgameschepos vorkommt, könnte es sein, dass die jahwistischen Verfasser hier einen Einzelzug der Erzählung, wie sie ihnen bekannt war, aufgenommen und in ihren Bericht übertragen haben. Wir dürfen drüber schmunzeln. Der Jahwist meint aber nie und nimmer, dass man Gott verharmlosen dürfe.

Am Ende des jahwistischen Sintflutberichtes haben wir noch etwas, was man nach den Gesetzen der Logik nun überhaupt nicht verstehen kann. *Als der Herr den Geruch der Beruhigung roch, da sprach er bei sich selbst: Ich will die Erde nicht noch einmal um des Menschen willen verfluchen, denn* – richtiger ist hier zu übersetzen – *wenn auch,* also: *Ich will die Erde nicht noch einmal um des Menschen willen verfluchen, <u>wenn auch</u> die Gebilde des menschlichen Herzens böse sind von Jugend an; so will ich nicht noch einmal alles Lebendige vernichten, wie ich getan habe. Hinfort, solange die Erde steht, soll nicht aufhören Saat und Ernte, Frost und Hitze, Sommer und Winter, Tag und Nacht.* Der Jahwist hat wie ein Vorwort so ein Nachwort zur Sintflutgeschichte. Und im Vorwort wie im Nachwort formuliert der Jahwist auf menschliche Weise, was sich im Herzen Gottes abgespielt haben könnte. Er scheut sich nicht, Gedanken Gottes mitzuteilen. Der Text stammt ja von Menschen, denen Gott sich mitgeteilt hat und die den Gott der Bibel kannten. Wir dürfen sicher sein, dass hier sachgemäß von dem Gott gesprochen wird, der sich in der Bibel, der sich Israel mitgeteilt hatte.

Die Priesterschrift hat das, was der Jahwist in seinem Nachwort sagt, sehr groß ausgestaltet und berichtet in Kapitel 9 von einem Bund Gottes mit Noah. Der hat viele Berührungspunkte mit dem ersten Schöpfungsbericht, aber auch charakteristische Abweichungen und kommt unserer Lebenswelt sehr viel näher als einzelne Ordnungen im Schöpfungsbericht. Das hängt damit zusammen, dass Gott hier eine Notordnung gibt für die Menschheit nach der Sintflut. Das möchte ich nicht im Einzelnen betrachten. Ich beschränke mich auf einen Vergleich von Vorwort und Nachwort beim Jahwisten.

Im Vorwort sagte der Jahwist: Die Bosheit der Menschen veranlasst Gott, ein Gericht über seine Schöpfung kommen zu lassen in Gestalt der großen Flut. Das ist keine Augenblickslaune. Das ist ein Gericht, ausgelöst von dem Gott, der immer auch der Heilige ist angesichts unserer menschlichen Bosheit. Und der Jahwist gibt auch in seinem Nachwort zur Sintflutgeschichte Gedanken Gottes wieder über das Wesen der Menschen nach der Sintflut. Und nun sollen wir staunen, so ist es gemeint: Die Menschen sind nicht besser nach der Sintflut als vor der Sintflut. Martin Luther hat es einmal so formuliert: Was an unserem menschlichen Wesen hängt, da ist so viel Bosheit, dass Gott Grund genug hätte, jeden Tag eine neue Sintflut zu machen. Das weiß auch der Jahwist. Die Menschen nach der Sintflut sind nicht plötzlich die Guten geworden. Der Jahwist mutet seinen Lesern zu: Gott urteilt über die Menschen nach der Sintflut nicht anders als über die Menschen vor der Sintflut. Während am Anfang die große Weltkatastrophe begründet wird als Antwort Gottes auf unsere menschliche Bosheit, bezeugt der Jahwist in seinem Nachwort: Das tut Gott nie wieder, solange die Erde steht. Gott gibt im Gegenteil eine Bestandsgarantie für die Welt bis an seinen Tag: *Solange die Erde steht, soll nicht aufhören Saat und Ernte, Frost und Hitze, Sommer und Winter, Tag und Nacht. Ich will nicht noch einmal die Erde verderben um des Menschen willen.* Gott ist unlogisch. Das hatten wir schon einmal, und ich hatte das theologisch übersetzt: Gott ist gnädig.

Wenn Sie Vorwort und Nachwort der jahwistischen Sintflutgeschichte vergleichen, dann wird es wieder schlagend deutlich: Gott hätte im Blick auf uns Menschen allen Grund, immer wieder eine neue Sintflut zu machen. Gott tut das nicht. Und Gott hat schon nach dem Zeugnis der biblischen Sintflutgeschichten dafür gesorgt, dass die Flut nicht das Ende seiner Schöpfung ist, weder im priesterschriftlichen noch im jahwistischen Flutbericht. Die Welt geht weiter. Die Schöpfung bleibt bestehen trotz des Gerichtes Gottes in Gestalt der großen Flut.

Und nun zu der Frage: Wann ist das passiert? Wo in der Weltgeschichte müssen wir das festmachen? Die Antwort können Sie sich ausrechnen. Sie weicht nicht ab von der Antwort, die ich auf ähnliche Fragen an den letzten Abenden gegeben habe. Wir haben es hier nicht mit einer Reportage, sondern mit einer Erzählung zu tun, einer Erzählung, die in Israel bekannt war und die auch außerhalb Israels bekannt war, die erzählt wurde von Menschen, die große Katastrophen kannten. Katastrophen kennen wir Menschen immer wieder, und von daher ist verständlich, dass eine Erzählung wie die Sintflutgeschichte unter Menschen erzählt wird. Sie ist der Versuch, außerbiblisch wie biblisch, solche Katastrophenerfahrung, die es immer wieder gibt, zu verarbeiten. Deshalb habe ich als Motto für die Betrachtung unserer Texte gewählt „Gott und das Unheil in der Welt". Es geht nicht darum, dass ich auf der Zeitschiene festmache, genau **die** Flut im Zweistromland oder jene Katastrophe da oder dort ist gemeint, das lässt sich so nicht beantworten. Sondern hier wird im Blick auf den Gott der Bibel Zeugnis abgelegt, wie wir Katastrophen, denen wir Men-

schen ausgesetzt sind, unter Gott begreifen sollen Dabei kann uns der Vergleich mit dem Sintflutbericht aus dem Gilgamesch-Epos helfen. Er zeigt uns
den himmelweiten Unterschied zwischen der Weise, wie dort von den Göttern
geredet wird, und dem biblischen Gotteszeugnis. Der Gott, von dem die Bibel
redet, handelt nicht unbedacht oder willkürlich. Er zerstört nicht aus einer
Augenblickslaune heraus seine Schöpfung, und ihm entgleiten nie die Zügel. Er
ist der heilige Gott, dem nicht egal ist, ob wir in seinem Sinne leben oder nicht.
Aber obwohl er feststellt: *Die Menschen sind böse von Jugend auf*, gibt Gott eine
Bestandsgarantie für seine Welt. Ähnliches begegnet uns auch schon in den
Kapiteln 1. Mose 3 und 4. Die biblischen Sintflutberichte bezeugen das eben-
falls. Gott antwortet auf die Bosheit der Menschen mit seinem Gericht, aber er
kann nicht davon lassen, seiner Schöpfung im Allgemeinen und seinen Menschen im Besonderen trotzdem immer noch gnädig zugewandt zu bleiben.
Deshalb das Nachwort der jahwistischen Flutgeschichte und deshalb die Entfaltung des Bundes Gottes mit Noah in der Priesterschrift (1. Mose 9,1-17).

Wir gingen bei unserer Betrachtung der Sintflutgeschichte ja aus von dem viel-
fältigen Unheil in unserer Welt und fragten: Was hat das mit Gott zu tun? Und
die Frage spitzt sich ja schnell zu in dem Sinne, dass wir fragen: Warum lässt
Gott das zu? Warum wendet er das nicht ab? Unsere Texte beantworten unsere Frage nicht direkt, sondern sie zeigen uns, dass Gott in der Tat in seiner
Heiligkeit berechtigt ist, Gericht über uns und unsere Welt zu üben. Aber das
ist nicht alles, was wir erfahren, denn der Gott der Bibel ist immer beides: hei-
lig und gnädig in einem. Von daher redet unser Text nicht nur von dem Gericht
Gottes, sondern von der Liebe Gottes und dem rettenden Handeln Gottes. Er
führt uns also in eine ganz andere Gedankenrichtung. Damit ist unsere Frage
vom Anfang nicht gelöst, aber wir können sehr wohl eine Erlösung von unserer Frage bekommen, eben weil wir allen Grund haben, zu staunen darüber,
dass Gott uns gnädig ist.

Wie sollen wir uns dem gegenüber verhalten? Ich denke, ein angemessenes
Verhalten ist, dass wir uns an das halten, was Gott uns sagt, dass wir seiner
Verheißung und seiner Zusage trauen, dass wir uns auf ihn und sein Wort verlassen. Noah ist ja in unserer Geschichte durchaus ein Vorbild. So wie er Glauben gegenüber Gottes Wort praktiziert, ist das schon nachahmenswert. So sollen auch wir festhalten an dem Gott, den wir gar nicht immer verstehen, der
uns aber seine Liebe zusagt und der nach dem neutestamentlichen Zeugnis
diese Liebe hat Gestalt gewinnen lassen in der Sendung, der Hingabe und Auf-
erweckung Jesu Christi. Das ist in der Tat eine angemessene Haltung.

Dass es nicht immer leicht ist, Gott zu vertrauen, veranschaulicht mir eine Illustration zur Sintflutgeschichte, die ich vor einigen Jahrzehnten in einem Kalender fand. Sie zeigt einen großen Schiffsrumpf im Bau mitten auf dem Land, und Noah ist bei der Arbeit. Bei ihm befinden sich einige Zeitgenossen. Und die Frauenfigur im Vordergrund rechts neben Noah macht deutlich, was sie von diesem Noah halten. „Mitten auf dem Land bei bestem Wetter ein Schiff zu bauen, das ist ja wohl hirnrissig. Was willst du eigentlich mit deinem Schiff machen? Dir fehlt doch jedes Wasser. Aber ich helfe dir. Ich habe dir ein wenig Wasser mitgebracht, damit du etwas Wasser unter den Kiel kriegst." Der Spott ist, glaube ich, unverkennbar. Auf mich wirkt der Noah als einer, der einigermaßen

hilflos ist. Er weiß auch nicht recht, was er auf diesen Spott sagen soll. Aber der Noah in unserem Bild guckt auch gar nicht auf seine Zeitgenossen. Sein Blick ist in eine ganz andere Richtung gerichtet, möglicherweise auf Gott. Denn er hat ja nur das Wort, das Gott ihm gesagt hat, das er als Wort bezeugen, das er aber nicht beweisen kann; und schon gar nicht kann er den Gott, der mit ihm gesprochen hat, vorzeigen. Mir gefällt dieser Holzschnitt so sehr, weil er unsere Situation als Menschen unter Gott deutlich macht. Es geht nicht ohne Glauben. So wie der Hebräerbrief es auch aufgenommen hat: Aus Glauben baute Noah eine Arche. Aus Glauben ist man Jüngerin und Jünger Jesu und lebt seinen Glauben und redet von seinem Glauben. Beweisen können wir gar nichts. Vorzeigen können wir gar nichts. Auf manche Fragen haben wir keine Antwort. Das mutet Gott uns zu. Dennoch an dem festhalten, was uns die Bibel bezeugt, dennoch an dem festhalten, was wir von Gott erfahren haben, das meint Glauben. Das ist die angemessene Reaktion Gott gegenüber. Wir sind in der Rolle des Noah in diesem Holzschnitt. Ohne Glauben kommen wir nicht durch. Genau dazu sind wir eingeladen. Das macht ein Nachdenken über unsere Geschichte noch einmal deutlich. Und damit möchte ich schließen.

Sonntag, 19.03.2006
6. Veranstaltung der Bibeltage (Gottesdienst)

Der Turmbau zu Babel
(1. Mose 11,1–9)

1 Es hatte aber alle Welt einerlei Sprache und einerlei Worte. 2 Als sie nun im Osten aufbrachen, fanden sie eine Ebene im Lande Sinear und sie ließen sich dort nieder.
3 Und sie sprachen untereinander: Wohlan, lasst uns Ziegel streichen und hart brennen! Und es diente ihnen der Ziegel als Stein und der Asphalt diente ihnen als Mörtel. 4 Und sie sprachen: Wohlan, lasst uns eine Stadt bauen und einen Turm, dessen Spitze bis in den Himmel reicht; so wollen wir uns ein Denkmal schaffen, damit wir uns nicht über die ganze Erde zerstreuen. 5 Da fuhr der Herr hernieder, um die Stadt zu besehen und den Turm; den die Menschenkinder gebaut hatten. 6 Und der Herr sprach: Siehe, sie sind ein Volk und haben alle eine Sprache. Und dies ist erst der Anfang ihres Tuns; nunmehr wird ihnen nichts unmöglich sein, was immer sie sich vornehmen. 7 Wohlan, lasst uns hinabfahren und daselbst ihre Sprache verwirren, dass keiner mehr des andern Sprache verstehe.
8 Also zerstreute sie der Herr von dort über die ganze Erde; und sie ließen ab, die Stadt zu bauen. 9 Daher heißt ihr Name Babel, weil der Herr daselbst die Sprache aller Welt verwirrt und sie von dort über die ganze Erde zerstreut hat.

Eine Welt, einerlei Sprache und einerlei Worte – das waren noch Zeiten, mögen die Schüler denken, die seufzen, wenn sie Vokabel einer fremden Sprache pauken müssen, wenn sie Mühe haben, sich die Grammatik klar zu machen, überhaupt sich all das anzueignen, was zum Erlernen einer fremden Sprache dazugehört.

Aber, das wissen wir, das ist nicht die Welt, in der wir leben. Wir leben mit den verschiedenen Sprachen und wir erleben viel Schlimmeres. Wir erleben, dass Menschen einander nicht verstehen können, obwohl es Wörterbücher und Grammatiken gibt, obwohl es Sprachschulen und Dolmetscher gibt. Die große Politik macht uns das alltäglich deutlich. Da fordert der eine die Wahrung der Menschenrechte ein und der andere hört nur: Der will sich in meine inneren Angelegenheiten einmischen. Die einen reden vom Freiheitskampf und die anderen finden nur Terror, Gewalt und Zerstörung. Eine Weltmacht ruft auf und posaunt zum Kampf gegen den internationalen Terrorismus, und andere werden den Verdacht nicht los: Es geht eigentlich nur um die Durchsetzung von Großmachtinteressen und darum, sich wirtschaftliche Vorteile anzueignen.

Auch in der Innenpolitik haben wir dieselben Probleme im eigenen Land. Die einen betonen die Notwendigkeit zu sparen und andere meinen: Da wird ja nur von unten nach oben umverteilt. Senkung von Lohn- und Arbeitskosten sagen die einen, und die anderen hören nur: Wie bitte, sollen die Unternehmensgewinne noch mehr explodieren? Wir reden aneinander vorbei.

In meinem beruflichen Sektor, in der Hochschulpolitik finde ich das auch: Förderung der Betreuung der Studierenden, sagt etwa der Hamburger Wissenschaftssenator, und er meint: Abbau von Lehrpersonal. Wie sich das zusammenreimt, würde ich ihn gerne fragen. Ich hatte bisher keine Gelegenheit dazu.

Wir reden aneinander vorbei, auch wenn wir auf allen Seiten uns der deutschen Sprache bedienen. Nicht nur die Fremdsprachen sind das Problem. Menschen verstehen einander nicht, auch wenn sie dieselbe grammatische Sprache sprechen. Und ich denke, das sind nicht nur Probleme der großen Welt. Die finden wir im Gemeindealltag und in unserer Freikirche ganz ähnlich wieder. Die einen nennen sich „bibeltreu" und fordern das auch von anderen. Und andere können dabei lediglich eine Haltung finden, die das eigene Vorverständnis von der Bibel allen anderen aufzwingen möchte. Das ist noch lange nicht Treue zur Bibel. Und im Gemeindealltag habe ich es vielfach beobachtet. Da gibt es Leute, die setzen sich besonders ein, weil doch so viele Dinge im Gemeindealltag bewältigt und getan werden müssen. Und andere sagen: Die, die wollen doch bloß Macht ausüben in der Gemeinde.

Wir reden und wir denken aneinander vorbei. In unseren Familien, in unseren Gemeinden, in unserem Gemeindebund kennen wir das genauso wie in der großen Innen- und Außenpolitik. Menschen reden aneinander vorbei. Wir verstehen einander so schwer. So viel Nichtverstehenwollen und Nichtverstehenkönnen gehört zum Alltag unserer Welt – auch im Gemeindebereich.

Von diesem Zustand redet unser Predigttext, denn damit endet er ja. Die Menschen verstehen einander nicht mehr und sie halten es beieinander nicht mehr aus. Wenn einer den anderen nicht mehr versteht, zerstreuen sich die Leute. So endet unser Predigttext. Das aber sagt er sehr deutlich: Das ist nun kein Konstruktionsfehler Gottes bei der Schöpfung. Von Anfang der Schöpfung an hat Gott sich die Welt so nicht vorgestellt. In dieser Tatsache, dass Menschen nicht mehr zusammenhalten können, dass Menschen einander nicht mehr verstehen wollen und nicht mehr verstehen können, schlägt sich nieder ein einschränkendes und richtendes Handeln über unsere menschliche Großmannssucht. Davon gibt unser Predigttext Zeugnis. Das kann man, so wie ich es gerade getan habe, in einem Satz zusammenfassen. Aber ein bisschen mehr Zeit würde ich für die Predigt gerne beanspruchen, und darum lade ich Sie ein, dass wir jetzt im Einzelnen an unserem Text entlanggehen und auf ihn hören.

Es hatte aber alle Welt einerlei Sprache und einerlei Worte. So beginnt unser Text, und ist wunderschön aufgebaut. Die Ausgangslage, *alle Welt einerlei Sprache und einerlei Rede*, steht am Anfang. Dagegen als krasser Gegensatz die Welt, wie wir sie kennen, das Ergebnis der Geschichte die unser Predigttext uns vor Augen stellt. *Daher heißt der Name* der Stadt *Babel, weil der Herr daselbst die Sprache der Welt verwirrt und sie von dort über die ganze Erde zerstreut hat.* Ausgangslage, wie wir es uns wünschen, und Endergebnis, die Welt, in der wir uns immer schon wiederfinden, das sind die Eckverse unseres Predigttextes.

Und alles, was dazwischen steht, erklärt, wie es von der Ausgangslage zu dem Endergebnis gekommen ist, und das auf zweierlei Weise. Das kann man bis in die Grammatik hinein verfolgen. In einem ersten Teil von Versen sind immer die Menschen das grammatische Subjekt. Es ist immer von dem die Rede, was die Menschen tun. Ab Vers 5 ist dann das grammatische Subjekt Gott. Und jetzt ist nur noch die Rede von dem, was Gott tut. Dass es von dem begeisternden Anfang unserer Geschichte zu der Alltagswelt, in der wir leben, kommt, hängt also an einem Tun der Menschen und einer Antwort Gottes. Meisterhaft aufgebaut ist unser Text, der schon von der äußeren Gliederung her diesen Weg deutlich macht.

Als sie – die Menschen – *nun im Osten aufbrachen, fanden sie eine Ebene im Lande Sinear* – gemeint ist Babylonien, das Zweistromland, wir würden heute vom Irak sprechen – *und sie ließen sich dort nieder. Und sie sprachen untereinander: Wohlan, lasst uns Ziegel streichen und hart brennen! Und es diente ihnen der Ziegel als Stein und der Asphalt diente ihnen als Mörtel.* Das klingt doch so, als seien hier Erinnerungen an eine weit entlegene Vorzeit festgehalten, und dieser Eindruck ist auch richtig. Wanderung und Sesshaftwerden von Völkern, das gehört in die Frühzeit der Weltgeschichte in den verschiedensten Teilen der Welt, und das gehört auch in die Frühzeit des antiken Orients. Wanderbewegungen, Sesshaftwerden da, wo man Ackerbau betreiben konnte, also in den großen Flusstälern des Nils oder des Zweistromlandes.

Und dann wird gebaut und man muss sich das Baumaterial erst einmal selbst beschaffen. Möglicherweise stammen die Menschen, die unsere Erzählung geformt haben, aus einer Gegend, in der man Felsstein als Baumaterial verbaute. Fast spüre ich so ein bisschen – das ist mein Eindruck – wie Kopfschütteln zwischen den Zeilen: Die brennen sich Ziegelsteine, Natursteine sind doch ein viel besseres Baumaterial. Immerhin, kulturgeschichtliche Einsichten werden hier festgehalten. *Der Ziegel diente ihnen als Stein und der Asphalt diente ihnen als Mörtel.* Das ist interessant für Leute, die historisch neugierig sind. So etwas kann man in der Tat in den Anfängen der orientalischen Geschichte wiederfinden.

Aber unser Text redet von den Menschen immer aus der Perspektive Gottes. Und von daher geht es auch in den Anfangsversen nicht nur um die kulturgeschichtlichen und die menschheitsgeschichtlichen Erinnerungen, sondern die Menschen werden charakterisiert. Wohlan, so lasst uns – so sprechen sie – lasst uns die Ärmel aufkrempeln und in die Hände spucken. Wir machen etwas. Wie das gemeint ist, sagt uns dann der vierte Vers, den ich gerade noch nicht mitgelesen habe, sehr viel unmittelbarer: *Und sie sprachen: Wohlan, lasst uns eine Stadt bauen und einen Turm, dessen Spitze bis an den Himmel reicht. So wollen wir uns einen Namen machen, damit wir uns nicht über die ganze Erde zerstreuen.* Typisch Mensch! **Wir** müssen für uns sorgen, und wir packen das auch. Wir packen an, wir kriegen das hin. Und wir wollen uns einen Namen machen. Wir sind schließlich nicht irgendwer. Lasst uns eine Stadt bauen und einen Turm bis in den Himmel. Die Menschen im Altertum wussten – und sie konnten Ruinen davon noch sehen – dass es in den alten Städten Mesopotamiens riesige Tempeltürme gegeben hat. Die Erinnerung daran ist natürlich ein Baustein, aus dem unsere Geschichte geformt ist. *Wohlan, lasst uns einen Turm bauen, dessen Spitze bis an den Himmel reicht.* Für antike Möglichkeiten waren diese Türme in den Städten des Zweistromlandes in der Tat gewaltig hoch. *Wir wollen uns einen Namen machen.* Wir zeigen es uns und aller Welt, wer wir sind und was wir können. Schlagen sie jede beliebige Zeitung auf. Sie finden das Motiv wieder. Es wird heute nur anders ausgedrückt.

Und wir müssen für uns selber sorgen. Wir wollen aufpassen, dass es uns nicht schlecht geht. Heute nennt man das im Beamtendeutsch Besitzstandswahrung oder Wohlstandssicherung oder wie immer wir das formulieren würden. Wir müssen aufpassen, dass wir uns nicht zerstreuen. Darum lasst uns eine Stadt bauen. Gemeinsam sind wir stark. Den Satz kennen wir doch auch. So werden hier die Menschen charakterisiert. Eigenmächtig wollen sie sich einen Namen machen. Eigenmächtig wollen sie für sich sorgen. Das hatten wir schon: 1. Mose 3: Wir wollen nicht von Gott abhängig sein. Wir wollen nicht unter Gott unseren Platz einnehmen. Wir sind doch bitte sehr selbst etwas. Lasst uns eine Stadt bauen und einen Turm. Wir wollen uns einen Namen machen, und wir wollen uns absichern, dass wir uns nicht über die Erde zerstreuen. So werden die Menschen charakterisiert.

Ich denke, wir kennen das auch. In unseren Familien und Gemeinden – von den Bereichen da draußen will ich gar nicht erst reden – finde ich das vielfältig wieder, nicht so krass wie in unserem Text, das ist alles viel kleiner im Format. Aber ich denke, in unserer Freikirche, in unseren Gemeinden kennen wir das immer wieder auch. Ach, da geht die Statistik abwärts, wohlan lasst uns in die Hände spucken, alle Kräfte zusammentrommeln. Wir machen eine besondere Aktion. Wir müssen schließlich doch unsere Statistik aufbessern. Und im Blick auf unsere Bundesgeschichte ist mein persönlicher Eindruck – den müssen Sie nicht teilen, Sie dürfen das gerne anders sehen – mein persönlicher Eindruck ist aber, dass in dem gewaltigen Ausbau von Elstal, und dann alles noch auf einen Schlag, auch ein Stück Großmannssucht mitspielt. Da finde ich auch etwas von dem wieder, wovon unser Text hier redet. Wir Menschen im Allgemeinen und wir Baptisten im Besonderen sind nicht grundsätzlich anders als die Menschen, wie wir sie hier in unserer Geschichte vom Turmbau zu Babel finden. Und das ist natürlich das Meisterhafte und Gewollte an diesen Geschichten. Sie reden nie nur von der grauen Vorzeit, sondern zeigen uns, wer wir Menschen in den Augen Gottes sind. Und wenn wir ehrlich sind, merken wir: Wir schauen ja in einen Spiegel und finden uns selbst dort wieder.

Ich sagte schon, als ich die Gliederung des Textes ansprach, von Vers 5 an gibt es grammatisch gesprochen einen Subjektwechsel. Ich glaube auf Deutsch heißt das, der Satzgegenstand ist ein anderer. Jetzt ist nicht mehr von den Menschen die Rede, die etwas machen, sondern von Gott. *Da fuhr der Herr hernieder, um die Stadt zu besehen und den Turm, den die Menschen gebaut hatten.* Da sollen wir wieder schmunzeln. *Lasst uns einen Turm bauen, dessen Spitze bis in den Himmel reiche*, das war die Planung der Menschen. Und nun sagt unser Text mit feiner Ironie: Gott muss sich ganz tief herunterbücken, um diesen Riesenturm, von dem die Menschen geredet hatten, sehen zu können. Gott ist immer noch unendlich größer. Das gehört mit zur Meisterschaft, mit der die ersten Kapitel der Bibel erzählt sind, dass sie uns an manchen Stellen immer wieder auch in so fröhlicher Weise ganz ernste und wichtige Dinge vermitteln. Gott schaut sich also an, was die Menschen da so treiben, muss er sich ganz tief herunterbeugen.

Und dann heißt es: *Und der Herr sprach: Siehe, sie sind ein Volk und haben alle eine Sprache. Und dies ist erst der Anfang ihres Tuns; nunmehr wird ihnen nichts mehr unmöglich sein, was immer sie sich vornehmen.* Gott durchschaut die Menschen und Gott sieht die Sache richtig: Es bleibt nicht bei alten Türmen im antiken Mesopotamien. Es geht weiter durch die Weltgeschichte. Und nun mache ich gleich den Sprung in unsere Zeit. Aus den Türmen von damals vor Jahrtausenden sind die Interkontinental- und Weltraumraketen unserer Tage geworden, die Satelliten und Weltraumstationen. Aus den schützenden Stadtmauern von damals sind die Massenvernichtungswaffen unserer Tage geworden. Und aus dem Versuch, eine Stadt zu bauen, dass die Menschen schön beieinander bleiben, sind die Globalisierung mit all ihren Problemen heute geworden und die Versuche, immer mehr Menschen unter ein bestimmtes System zusammenzufassen. Unser Text hat recht, wenn er als Gottes Gedanken formuliert: Es bleibt nicht bei so schönen alten Bauruinen. Das geht weiter. So sind die Menschen, wenn ich sie endlos gewähren lasse.

Und nun spricht Gott: *Wohlan, lasst uns* – damit sind wir in Vers 7 – *wohlan, lasst uns hinabfahren und daselbst ihre Sprache verwirren, dass keiner mehr des anderen Sprache verstehe. Also zerstreute sie der Herr von dort über die ganze Erde und sie ließen ab, die Stadt zu bauen.* Gott greift ein. Gott lässt unserer menschlichen Großmannssucht nicht hemmungslos ihren Lauf. Gott greift einschränkend und strafend ein. Er übt sein Gericht über die Selbstherrlichkeit und Eigenmächtigkeit in unserem menschlichen Wesen. Gott sorgt dafür, dass die Menschen einander nicht mehr verstehen. Und wie ich uns in der Einleitung erinnerte: Im Grunde braucht man dafür nicht einmal Fremdsprachen. Wir reden, auch wenn wir alle deutsch sprechen, oft genug aneinander vorbei. Und Leute, die englisch reden, denen geht es auch nicht besser. Oder setzen Sie irgendeine andere unserer heutigen Sprachen ein. Menschen verstehen einander nicht mehr. Das ist das Ergebnis eines einschränkenden und richtenden Handelns Gottes.

Zum Schluss – auch das gehört zu den Geschichten auf den ersten Blättern der Bibel – werden einzelne Dinge aus der Welt der Schreiber und Leser der biblischen Texte erklärt. Damit schließt unser letzter Vers. *Darum heißt ihr Name Babel.* Das kann man im Deutschen fast nachmachen. Wenn ich sagen würde: „Da wurde immer nur gebabbelt", dann klingt unser Wort „babbeln" so ähnlich wie der Name Babel. Auch wenn man das hebräisch las, wurde man ein bisschen bei dem Städtenamen Babel an die hebräische Vokabel von „verwirren" erinnert. Hier liegt ein Wortspiel vor, und hier soll mit dieser Geschichte auch der Stadtname Babel erklärt werden. Aber deshalb ist sie nicht geschrieben. Diese Geschichte ist geschrieben, überliefert worden und in unsere Bibel eingegangen, weil wir uns unter Gott und in unserem Verhältnis zu Gott wiedererkennen und wiederfinden sollen. Und das ist ja nun bedrückend genug.

Diejenigen, die an den vergangenen Abenden dabei waren, müssten eigentlich etwas vermissen. Ich habe unseren Predigttext vollständig vorgelesen. Unser Text endet mit einem einschränkenden und richtenden Handeln Gottes gegenüber unserer menschlichen Großmannssucht, gegenüber unserer menschlichen Sünde. Das ist nicht neu. Das hatten wir in den Kapiteln vorher ja schon öfter, in den Geschichten vom Sündenfall, von Kain und Abel und von der Sintflut. Von unserer menschlichen Sünde war in sehr vielfältiger Weise die Rede, von einem richtenden Antworten Gottes auch. Aber – und ich habe das besonders zu betonen versucht – immer war das Gericht Gottes nicht das letzte Wort. Immer redeten die Geschichten davon, dass Gott trotz seines richtenden Handelns immer mindestens zeichenhaft markierte: Er will nicht das Gericht. Er hat mit uns Menschen nicht gebrochen. Trotz unserer menschlichen Sündhaftigkeit geht Gott immer noch weiter mit uns mit. Das war das begeisternde und überraschende Zeugnis der Geschichten vor unserem heutigen Predigttext. Und nun lesen Sie den Text noch einmal, sie finden das in unserem Text nicht. Und diejenigen, die unsere Geschichten zusammengestellt haben, haben das vielleicht mit Absicht so gemacht. Wir sollen an dieser Stelle stutzen: Wir sind doch eigentlich von den Seiten der Bibel vor unserer Geschichte etwas anderes gewohnt. Da ging es doch immer noch ein bisschen glimpflich ab. Ist hier das Gericht Gottes sein letztes Wort? In unserer Geschichte ja. Sie können lesen, so oft Sie wollen. Hier fehlt das Element des trotz aller menschlichen Sünde weiter gütigen Mitgehens Gottes. Unsere Geschichte vom Turmbau zu Babel endet mit dem Gericht Gottes über die menschliche Großmannssucht.

Aber die Bibel endet da nicht und das Alte Testament auch nicht. Das wissen Sie. Ich bin ja erst beim 1. Mosebuch Kapitel 11. Das 1. Mosebuch hat noch ganz viele Kapitel. Und das Alte Testament ist noch viel dicker und dann kommt das Neue dazu. Die Bibel ist noch lange nicht zu Ende mit unserer Geschichte. Wir brauchen im Alten Testament nur ein Kapitel weiter zu lesen von unserer Geschichte vom Turmbau zu Babel aus. Dann empfängt die Frage, auf die ich uns hier gestoßen habe, eine erstaunliche und verblüffende Antwort. Die ersten Verse von 1. Mose 12 berichten von der Berufung Gottes an Abraham: *Und der Herr sprach zu Abram, ziehe hinweg aus deinem Vaterland und aus deiner Verwandtschaft und aus deines Vaters Haus in das Land, das ich dir zeigen werde.* Und dann folgen große Segenszusagen Gottes: *Ich will dich zu einem großen Volke machen. Ich will segnen, die dich segnen. Ich will deinen Namen berühmt machen.* Das, was die Menschen mit dem Turmbau von Babel nicht geschafft haben, gibt Gott dem Abraham einfach als Geschenk in seiner Segenszusage. Aber damit ist Gottes Zuspruch an Abraham noch längst nicht an sein Ende gekommen. Gottes Segenszusage gipfelt in dem Satz: *In dir sollen alle Geschlechter der Erde gesegnet werden.* Das ist die Antwort auf die Frage, die in unserer Geschichte vom Turmbau zu Babel offen bleibt. Ist Gott mit den Menschen nun am Ende? Das Alte Testament geht weiter. Das 1. Buch Mose geht weiter. Und schon 1. Mose 12 macht deutlich, Gott hat den Menschen immer noch nicht den Rücken gekehrt. Er setzt nur in ganz neuer Weise ein. Die Berufung Abrahams meint gerade nicht: Für Gott ist der Rest der Menschheit egal, er konzentriert sich jetzt nur noch auf Abraham. Das erste, was wir bei der Berufung Abrahams durch Gott erfahren, ist: Gott denkt bei der Berufung Abrahams schon an alle Menschen aller Zeiten, uns hier heute eingeschlossen. In dir, Abraham, sollen gesegnet werden alle Geschlechter der Erde. Abraham, ein Kleinviehnomade aus dem zweiten Jahrtausend vor Christus, hat das, wenn meine Phantasie richtig ist, nicht begreifen können. Er hat sich nicht vorstellen können, wie Gott das macht. Das spätere Volk Israel wusste schon eine ganze Menge mehr von seiner Berufung, Gott in der Welt bekannt zu machen. Aber sie hätten auch gestottert, wenn man sie hätte fragen können: Wie seht ihr das denn? *In dir sollen gesegnet werden alle Geschlechter der Erde.*

Man muss hier tatsächlich noch über das ganze Alte Testament hinaus weiter lesen. Und ich zitiere den ersten Satz unseres Neuen Testamentes, Matthäus 1 Vers 1: *Das Buch der Abstammung Jesu Christi, des Sohnes Davids, des Sohnes Abrahams.* Da wird deutlich gemacht: Was immer das Neue Testament von Jesus Christus sagen will – und das ist die Mitte der göttlichen Botschaft an uns Menschen, die Mitte des Evangeliums – das hat mit Abraham zu tun. Jesus ist niemand anders als der Sohn Davids, des Sohnes Abrahams. Was Gott dem Abraham zusagte, das findet seine Erfüllung in Jesus, dem Zimmermannssohn aus Nazareth, dem Christus.

Paulus hat das begriffen und dann theologisch formuliert. Im Galaterbrief finden wir in Kapitel 3 Vers 8 den Satz: *Da aber die Schrift vorhersah, dass Gott die Heiden (die Fülle der Menschheit) aus Glauben gerecht spricht, hat sie dem Abraham zum Voraus verkündet: In dir werden alle Heiden gesegnet werden.* Paulus bringt es damit auf den Punkt. Wenn wir verstehen wollen, wie Gott das gemeint hat, *in dir sollen gesegnet werden alle Geschlechter der Erde,* dann ist die Einladung zum Glauben an Jesus Christus gemeint. Und ich sagte ja, Gottes Berufung und Gottes Segenszusage an Abraham beantwortet die Frage, die in unserer Turmbaugeschichte offen bleibt: Was ist nach Gottes Gericht über unsere menschliche Großmannssucht? Hat Gott jetzt endgültig das Band zu uns Menschen zerschnitten? Mitnichten. Gott beginnt mit Abraham einen neuen Weg, setzt neu ein. Und dieser Weg führt zu niemand anderem als Jesus von

Nazareth als dem Christus, der um unserer Sünde willen in den Tod am Kreuz ging und zu unserem Heil auferweckt wurde. Und damit gilt: Hamburger und Schöninger Bürger und alle möglichen Leute dieser Welt sind eingeladen, durch Glauben an Jesus Christus den Segen, den Gott in Abraham für alle Menschen bereitgehalten hat, für sich ganz persönlich zu empfangen.

Die Pfingstgeschichte in Kapitel 2 der Apostelgeschichte ist sozusagen der Gegenpol zu unserer Geschichte vom Turmbau zu Babel. In der Pfingstgeschichte vollzieht sich genau die Gegenbewegung: Gott gibt seinen Kindern seinen Heiligen Geist, und es passiert das Wunder, dass Menschen einander wieder verstehen. Ob das jetzt ein Sprach- oder ein Hörwunder war, mögen die Spezialisten diskutieren. Ich weiß das nicht. Ich finde, gerade im Blick auf unseren Predigttext charakteristisch an der Pfingstgeschichte: Da passiert genau das Gegenteil von dem, womit unsere Turmbaugeschichte endet: Menschen verstehen einander wieder. Und das hat zwei ganz wichtige Zusammenhänge. Einmal: Gott gibt seinen Kindern seinen Geist. Wo Gottes Handeln für uns Menschen in Jesus Christus zum Ziel gekommen ist wo Menschen, Jüngerinnen und Jünger Jesu geworden sind und damit den Geist Gottes bekommen haben, da setzt dieser Prozess ein, dass Menschen einander wieder verstehen können. Und – das ist mir gerade an der Pfingstgeschichte besonders wichtig – wenn dieses Wunder durch Gottes Geist geschieht, dass Menschen einander wieder verstehen können, dann hängt das auch damit zusammen, dass sie ein neues Thema haben: die großen Taten Gottes. Wir verstehen, wir hören sie die großen Taten Gottes preisen. Das ist der Gegenpol zum Thema der Menschen in unserer Turmbaugeschichte. Dort heißt das Thema: Wir wollen uns einen Namen machen. So haben wir keine Chance, einander zu verstehen, auch heute nicht. Die Chance, einander zu verstehen, haben wir, wo Gottes Geist unter uns wirkt und wo Gottes Geist uns befähigt, dieses neue Thema zu entfalten, die großen Taten Gottes zu preisen. Da passiert auch heute das Wunder, dass Menschen einander verstehen können. Das ist die Berufung der neutestamentlichen Gemeinde, solange diese Erde steht, dieses Handeln Gottes mitten in unserer alten Welt zeichenhaft sichtbar zu machen. Das gilt für die Gemeinde Schöningen. Das gilt für die Gemeinde, zu der meine Frau und ich gehören, Hamburg-Hamm. Das gilt für jede christliche Gemeinde. Unsere Berufung ist, dieses Neue, das Gott seinen Kindern schenkt, zeichenhaft deutlich zu machen.

Da kriege ich Herzklopfen, und Sie hoffentlich auch. Dem werden wir ja nicht so imponierend gut gerecht. Das müssen wir immer wieder üben. Und das dürfen wir auch immer wieder üben. Diese Situation teilen wir mit unseren Geschwistern in der neutestamentlichen Zeit. Wir haben in den Briefen an die

Gemeinden der neutestamentlichen Zeit immer wieder Ermahnungen. *Die ihr den Geist empfangen habt, lebt* doch bitte *auch im Geist,* sagt Paulus im Brief an die Galater. Und im Epheserbrief Kapitel 4 in den ersten Versen finden wir: *Ich ermahne euch nun, ich der Gefangene im Herrn, würdig der Berufung zu wandeln, durch die ihr berufen worden seid, mit aller Demut und Sanftmut, mit Langmut einander in Liebe ertragend, bemüht, die Einheit des Geistes durch das Band des Friedens zu bewahren.* Hier werden Leute angesprochen, die um ihre Berufung durch Gott in Jesus Christus wissen, die Gott mit seinem Geist beschenkt hat. Sie werden erinnert: Gott hat euch die Berufung zur Einheit und das Geschenk der Einheit schon gemacht. Eure Aufgabe ist nicht, die Einheit zu schaffen. Sondern die Einheit, für die der Geist Gottes steht und die in dem neuen Thema, die großen Taten Gottes zu preisen, ihren Ausdruck bekommt, durch das Band des Friedens zu bewahren. Wir müssen die Einheit gar nicht machen. Wir haben schon genug damit zu tun, immer wieder neu zu üben, dieses uns von Gott gemachte Geschenk zu pflegen. Die neutestamentlichen Gemeinden waren damit nicht fertig. Sie mussten immer wieder ermahnt und ermuntert werden: Übt ruhig und lasst euch nicht entmutigen. Fangt immer wieder neu an. Und wie ich Baptistengemeinden kennen gelernt habe und mich selbst als Glied einer Baptistengemeinde beobachte, weiß ich, ich muss das immer wieder neu üben und muss oft genug wieder von vorne anfangen, Sie ja möglicherweise auch. Lassen wir uns nicht entmutigen. Gewöhnen wir uns einen langen Atem an. Gott hat ja auch genug Geduld mit uns. Fangt an, immer wieder neu zu üben, die Einheit, die Gott uns durch seinen Geist geschenkt hat, durch das Band des Friedens zu bewahren und zu pflegen.

Mein heißer Tipp ist – und der kommt wieder aus der Pfingstgeschichte: Vergesst das neue Thema nicht! Da, wo wir dieses Thema beherrschend in den Vordergrund stellen, nicht uns einen Namen machen, sondern die großen Taten Gottes preisen, da haben wir die Chance, dass wir einander verstehen und sogar die Chance wie im Pfingstwunder, dass andere uns verstehen. Lasst uns nicht müde werden, das zu üben und in diesem Sinne das Geschenk, das Gott uns durch seinen Geist gemacht hat, zu pflegen und zu bewahren durch das Band des Friedens.

Amen!

Anhang

1. Gilgamesch-Epos (Auszug) 96
2. Jahwist und Priesterschrift (Quellenscheidung zur
   Sintflutgeschichte 1. Mose 6,5–8,22, nach Gerd von Rad) 98

Aus: **Gilgamesch-Epos**, *Tafel 11*
Nach: Religionsgeschichtliches Textbuch zum Alten Testament, hrsg. W. Beyerlin 1975, 118-122.

Als Gilgamesch, erschüttert durch den Tod seines Freundes Enkidu, nach dem ewigen Leben sucht und dabei am Ende der Welt zu seinem Ahnen Utnapischtim gelangt, erzählt ihm dieser – im Ich-Stil und im Versmaß das Epos (2:2 Hebungen) – die Geschichte von seiner und seiner Frau Errettung aus der großen Flut und von der danach gewonnenen Unsterblichkeit (Tafel 11, Zeile 8-157). Das Kernstück des Textes ist deutlich die „Vorlage" für die alttestamentliche Sintflutgeschichte von 1.Mose 6,5-8.22. Einen Grund für die vorgesehene Ausrottung der Menschen – im Atrachasis-Epos ist es ihr götterschlafstörender Lärm, bei J und P ihre Sündhaftigkeit – nennt der Dichter hier nicht.

8-45 Da sprach Utnapischtim zu Gilgamesch:
Verborgenes, Gilgamesch, will ich dir sagen,
10 Ein Geheimnis der Götter dir kundtun:
Schurripak, eine Stadt, die du kennst,
Die am Ufer des Euphrat gelegen ist.
Diese Stadt war (schon) alt, die Götter wohnten darin.
Eine Sintflut zu machen beschlossen die großen Götter.
15 Es berieten sich ihr Vater Anu, der Held
Entil, ihr Berater,
17-18 ihr Wesir Ninurta (und) Ennugi, ihr „Wächter der Kanäle".
Unter ihnen saß Ninschiku-Ea[1];
20 Ihre Worte sagte er zu einem Rohrhaus (weiter): „Rohrhaus, Rohrhaus! Wand, Wand!
Rohrhaus, höre! Wand, vernimm! Mann[2] von Schurippak, Sohn des Ubartutu, Reiße das Haus ab (und) erbaue ein Schiff.
25 Lass fahren den Besitz, kümmere dich um das Dasein. Gib das Gut hin, sichere das Leben.
Nimm ins Schiff allerlei Lebewesen!
Das Schiff (betreffend), das du bauen sollst – seine Maße seien wohlberechnet.

30 Breite und Länge sollen gleich sein, (und) du sollst es mit einem Dach wie bei Apsu[3] versehen!"
Ich verstand es und sprach zu Ea, meinem Herrn: „Die Weisung, Herr, die du mir so gegeben hast, werde ich genau beachten und nach ihr handeln!
35 Was (aber) soll ich der Stadt, den Bürgern, den Ältesten sagen?"
Es öffnete Ea seinen Mund
und sagte zu mir, seinem Knecht:
„So sollst zu ihnen sprechen:
Es steht fest, dass Enlil zu mir ungnädig ist!
40 So kann ich in eurer Stadt nicht (mehr) wohnen (und) meine Füße nicht (mehr) auf Enlils Boden setzen. Ich werde zum Apsu hinabsteigen und dort bei Ea, meinem Herrn, bleiben!"

Z. 44-79 berichten vom Bau der Arche, ihrer Verproviantierung und dem Fest für die Werkleute.

80-161 Alles, was mein war, lud ich hinein. Was ich an Silber hatte, lud ich ein. Was ich an Gold hatte, lud ich ein. Was ich an allerlei Lebewesen hatte, lud ich ein. Ich ließ meine ganze Familie und Sippe ins Schiff gehen.
85 Vieh des Feldes, Wild und alle Handwerksmeister lud ich ein. Eine Frist hatte mir Schamasch[4] gesetzt: „Am Morgen werde ich Dattelbrot(?), am Abende Weizen regnen lassen[5]. Dann steig ins Schiff und verschließ dein Tor!" Diese Frist kam heran.
90 Am Morgen ließ er Dattelbrot(?), am Abend Weizen regnen. Ich betrachtete das Aussehen des Wetters. Das Wetter war furchtbar anzusehen. – Da trat ich ins Schiff und schloss mein Tor. Dem Schiffer Puzuramurri, der das Schiff verpicht hatte,
95 übergab ich den „Palast"[6] und seine Habe.

---

1 Anderer Name Enkins
2 D.h. König

3 Der Urozean, der gewölbt unter der Erde vorgestellt wurde und von Enki-Ea beherrscht wird.
4 Der Sonnengott – vielleicht im Auftrag Eas?
5 Ungeklärt.
6 Mit „Palast" („Großhaus") wird die gewaltige Arche gemeint sein, die Utnapischtim seinem (vorher bereits einmal genannten) Kapitän unterstellt.

Beim ersten Morgendämmern kam eine
schwarze Wolke vom Horizont herauf.
In ihr donnerte Adad[7]. Schullat und Chanisch[8]
ziehen vor ihr her.
100 Als Herolde eilen sie über Berg und Ebene.
Eragal[9] reißt den Pfosten heraus,
Ninurta geht und lässt die Deiche überfließen.
Die Anunnaki[10] hoben die Fackeln, entflamm-
ten mit ihrem Glanz das Land.
105 Über die Himmel kam wegen Adad Beklom-
menheit. Alle Helle verwandelten sie in Dunkel. Das weite Land zerschlugen sie, wie einen
Tonkrug. Einen Tag lang [brauste] der Südsturm, blies gewaltig, [um] die Berge [zu über-
fluten(?)].
110 Wie im Kampf mit [...] Keiner vermag den
andern zu sehen. Vom Himmel (her) waren die
Menschen nicht zu erkennen.
Vor dieser Flut gerieten die Götter in Furcht.
Sie flohen hinauf zum Himmel des Anu,
115 kauern wie Hunde, sie lagern draußen.
Ischtar schreit wie eine Frau in Wehen.
Es klagt die Götterherrin mit wohllautender
Stimme:
„Wäre doch jener Tag[11] zu Lehm geworden[12],
da ich in der Götterversammlung Böses gebot!
120 Wie konnte ich im Götterrat Böses befehlen,
den Kampf zur Vertilgung meiner Menschen
gebieten!"
Folgendermaßen sprach ich:
„Meine Leute gebären zwar,
doch werden sie wie Fischbrut das Meer fül-
len!"
Die Anunna-Götter klagen mit ihr.
Bedeutung von Z. 125f. noch umstritten.
Sechs(?) Tage und sieben Nächte
hält der Orkan, die Flut, macht eben der Südsturm das Land.
(Erst) als der siebente Tag herankam, hielt der
Südsturm die Flut, das Rasen auf.
130 Der wie eine Gebärende(?) um sich ge-
schlagen hatte.

---

7   Der Wettergott.
8   Sturmdämonen?
9   Unterweltgott.
10 Die großen Götter
11 Der Tag, an dem die Sintflut beschlossen wurde.
12 D.h. wäre es doch nie eingetreten.

Ruhig wurde das Meer, der Sturm legte sich, die
Flut hörte auf. Ruhig wurde das Meer, der
Sturm legte sich, die Flut hörte auf. Ich schaute
nach dem Wetter: Stille war eingetreten und
alle Menschheit war zu Lehm geworden.
Das Land lag eingeebnet wie ein (flaches)
Dach.
135 Ich öffnete eine Luke und Licht fiel auf mein
Gesicht. Niedergebeugt saß ich und weinte.
Tränen flossen über mein Gesicht nieder.
Dann erblickte ich die Ufer des Meerbereichs:
Auf zwölf ... stieg eine Insel auf.
140 Am Berge Nisir legte das Schiff an. Der Berg
Nisir hielt das Schiff und ließ es nicht schwan-
ken.
Einen ersten Tag, einen zweiten Tag hielt der
Nisir das Schiff und ließ es nicht schwanken.
Einen dritten Tag, einen vierten Tag hielt der
Nisir das Schiff und ließ es nicht schwanken.
Einen fünften, einen sechsten Tag hielt der
Nisir das Schiff und ließ es nicht schwanken.
145 Als der siebte Tag herankam,
sandte ich eine Taube aus, und ließ sie frei.
Die Taube flog weg, kam aber wieder.
Kein Rastplatz fiel ihr ins Auge, daher kehrte
sie zurück.
Ich sandte eine Schwalbe aus, ließ sie frei.
150 Die Schwalbe flog weg, kam aber wieder.
Kein Rastplatz fiel ihr ins Auge, daher kehrte
sie zurück.
Da sandte ich einen Raben aus, ließ ihn frei.
Der Rabe flog weg, sah, dass sich die Wasser
(nun) verlaufen hatten, fand Fraß, flatterte
umher(?) krächzte(?) und kehrte nicht mehr
zurück.
155 Da ließ ich (alle) hinausgehen in die vier
Winde, brachte ein Opfer dar
(und) goss ein Trankopfer aus auf dem Berggipfel.
Je sieben Räucherschalen stellte ich hin (und)
füllte sie mit Rohr, Zeder und Myrte.
Es rochen die Götter den Duft.
160 Die Götter rochen den süßen Duft. Wie Fliegen scharten sich die Götter um den Opfernden ...

*Die Erzählung schließt mit der Anklage der Göt-
ter gegen Enlil und der Verleihung der Unsterblichkeit an den Sintfluthelden und dessen Frau.*

1. Mose 6 – 8: Die Sintflut (Jahwist)

aus: Gerhard von Rad, Das erste Buch Mose, ⁶1961, S. 94,97 und 99.

Der Prolog vor der Sintflut

6,5 Als aber Jahwe sah, wie groß der Menschen Bosheit auf Erden war, und dass jegliches Gebilde seiner Herzensgedanken nur noch böse war allezeit, 6 da reute es Jahwe, dass er den Menschen auf Erden gemacht hatte und er bekümmerte sich in seinem Herzen. 7 Und Jahwe sprach: Ich will den Menschen, den ich geschaffen habe, vom Erdboden wegtilgen, vom Menschen bis zum Vieh, bis zum Gewürm und bis zu den Vögeln des Himmels, denn es reut mich, dass ich sie gemacht habe. 8 Noah aber fand Gnade vor den Augen Jahwes.

Sintflut

7,1 Da sprach Jahwe zu Noah: Gehe du mit deinem ganzen Hause in die Arche, denn dich habe ich vor mir gerecht befunden in diesem Geschlecht. 2 Von allen reinen Tieren nimm dir je sieben Stück, Männchen und Weibchen; von den unreinen Tieren ein Paar, Männchen und Weibchen. 3 Auch von den Vögeln des Himmels je sieben, Männchen und Weibchen, damit auf der ganzen Erde Nachwuchs am Leben bleibe. 4 Denn noch sieben Tage, dann will ich regnen lassen auf die Erde vierzig Tage und vierzig Nächte und alle Wesen, die ich gemacht habe, vom Erdboden wegtilgen. 5 Da tat Noah ganz wie ihm Jahwe geboten hatte. 7 Noah ging mit seinen Söhnen, seiner Frau und den Frauen seiner Söhne vor den Wassern der Flut in die Arche, 16b und Jahwe schloss hinter ihm zu. 8 Von dem reinen Vieh und dem Vieh, das nicht rein ist und von den Vögeln und von allem, was auf der Erde kriecht, 9 gingen je zwei zu Noah in die Arche hinein, ein männliches und ein weibliches Tier, wie Gott dem Noah befohlen hatte. 10 Und nach den sieben Tagen kamen die Wasser der Flut über die Erde. 12 Der Regen aber strömte auf die Erde vierzig Tage und vierzig Nächte, 17b und das Wasser stieg und hob die Arche hoch, so dass sie über der Erde dahin schwamm. 22 Alles, was Lebensodem in seiner Nase hatte und auf dem Trockenen lebt, das starb. 23 So wurden alle Wesen auf dem Erdboden vertilgt; vom Menschen bis zum Vieh, bis zum Gewürm und bis zu den Vögeln des Himmels und sie wurden von der Erde vertilgt. Nur Noah blieb übrig und was bei ihm in der Arche war.

8,6a Nach vierzig Tagen aber 2b wurde dem Regen vom Himmel her Einhalt getan. 3a Und das Wasser nahm allmählich zurückgehend auf Erden wieder ab. 6b Da öffnete Noah das Fenster der Arche, das er gemacht hatte, 8 und sandte die Taube aus zu sehen, ob das Wasser auf der Erde weniger geworden wäre. 9 Aber die Taube fand keine Stätte für ihren Fuß; so kehrte sie zu ihm in die Arche zurück, denn es war noch Wasser auf der ganzen Erde. Da streckte er seine Hand aus, griff sie und brachte sie zu sich in die Arche herein. 10 Dann wartete er noch einmal sieben Tage und sandte abermals die Taube aus der Arche aus, 11 da kehrte die Taube gegen Abend zu ihm zurück; aber siehe, sie hatte ein frisches Ölblatt in ihrem Schnabel. Da merkte Noah, dass das Wasser weniger auf Erden geworden war. 12 Und er wartete abermals sieben Tage und sandte die Taube aus, da kehrte sie nicht mehr zu ihm zurück. 13b Nun entfernte Noah das Dach der Arche und hielt Ausschau und siehe, der Erdboden war trocken. 20 Da baute Noah Jahwe einen Altar und nahm von allem reinen Vieh und allen reinen Vögeln und brachte Brandopfer auf dem Altar dar.

Der Epilog nach der Sintflut. (8,21-22)

8,21 Als Jahwe aber den Geruch der Beruhigung roch, da sprach er bei sich selbst: Ich will die Erde nicht noch einmal um des Menschen willen verfluchen, denn[1] die Gebilde des menschlichen Herzens sind doch böse von Jugend an; so will ich nicht noch einmal alles Lebendige vernichten, wie ich getan habe. 22 Hinfort, solange die Erde steht, soll nicht aufhören Saat und Ernte, Frost und Hitze, Sommer und Winter, Tag und Nacht.

---

1 besser: obwohl …

1. Mose 6 – 8: Die Sintflut (Priesterschrift)

aus: Gerhard von Rad, Das erste Buch Mose, [6]1961, S. 103-104 und 107-108.

6,9 Dies ist die Geschlechterfolge Noahs. Noah war ein gerechter und vollkommener Mann unter seinen Zeitgenossen; mit Gott wandelte Noah. 10 Und Noah zeugte drei Söhne, den Sem, den Ham und den Japhet. 11 Aber die Erde war verderbt vor Gott und die Erde füllte sich mit Gewalttat. 12 Als nun Gott die Erde ansah, da war sie verdorben, denn alles Fleisch führte einen verdorbenen Wandel auf Erden. 13 Da sprach Gott zu Noah: Das Ende alles Fleisches ist von mir beschlossen, denn die Erde ist durch sie voller Gewalttat; so will ich sie mit der Erde vertilgen. 14 Mache dir eine Arche aus Gopherholz, aus lauter Kammern sollst du die Arche machen und verpiche sie innen und außen mit Pech. 15 So aber sollst du sie machen: 300 Ellen lang soll die Arche sein, 50 Ellen breit und 30 Ellen hoch. 16 Ein Dach (?) sollst du der Arche machen und sollst es oben nach der Elle verfertigen (?); und die Tür der Arche sollst du an der Seite anbringen. Ein unteres, ein zweites und ein drittes Stockwerk sollst du darin machen. 17 Ich aber lasse die (Himmels)flut auf die Erde herunterkommen, um alles Fleisch zu verderben, in dem Lebensgeist ist unter dem Himmel; alles auf Erden wird untergehen. 18 Aber meinen Bund will ich mit dir stiften; so gehe in die Arche, du und deine Söhne, deine Frau und die Frauen deiner Söhne mit dir. 19 Von allem Lebendigen, von allem Fleisch sollst du je zwei in die Arche hineinnehmen, um sie mit dir am Leben zu erhalten, ein Männliches und ein Weibliches soll es sein. 20 Von allen Vögeln nach ihren Arten, von dem Vieh nach seinen Arten, von allen Kriechtieren der Erde nach seinen Arten, zwei von allen sollen zu dir hineinkommen, um das Leben zu erhalten. 21 Du aber nimm dir von aller essbaren Speise und sammle sie bei dir, damit sie dir und ihnen zur Nahrung diene. 22 Noah aber tat ganz wie ihm Gott geboten hatte, so tat er.

7,6 Noah aber war 600 Jahre alt, als die (Himmels)flut auf die Erde kam. 11 Im 600. Jahre der Lebenszeit Noahs, im 2. Monat, am 17. Tage des Monats, an diesem Tage brachen alle Quellen des großen Urmeeres auf und die Fenster des Himmels öffneten sich. 13 An eben diesem Tag ging Noah und Sem, Ham und Japhet, die Söhne Noahs und die Frau Noahs und die drei Frauen seiner Söhne mit ihm in die Arche, 14 sie und alles Wild nach seinen Arten und alles Vieh nach seinen Arten und alle Kriechtiere, die auf Erden kriechen, nach ihren Arten und alle Vögel nach ihren Arten, 15 und sie kamen zu Noah in die Arche, je zwei von allem Fleische, worin Lebensgeist war. 16a Und die hineingingen, waren ein Männliches und ein Weibliches von allem Fleisch, wie Gott ihm befohlen hatte. 17a So kam also die (Himmels)flut auf die Erde 18 und das Wasser wuchs und wurde immer mehr auf der Erde, so dass die Arche auf dem Wasser dahinfuhr. 19 Und das Wasser wuchs immer noch weiter auf der Erde, so dass alle hohen Berge unter dem ganzen Himmel bedeckt wurden. 20 15 Ellen darüber wuchsen die Wasser; so bedeckten sie die Berge. 21 Und alles Fleisch ging unter, das sich auf Erden regte, Vögel, Vieh, Wild und alles Gewimmel, das auf Erden wimmelte und alle Menschen. 24 Und das Wasser wuchs auf der Erde 150 Tage.

8,1 Da gedachte Gott an Noah und alles Wild und alles Vieh, das bei ihm in der Arche war, und Gott ließ einen Wind über die Erde gehen, so dass die Wasser sanken; 2 und die Quellen des Urmeeres schlossen sich und die Fenster des Himmels. 3b So ging das Wasser nach 150 Tagen zurück. 4 Und im 7. Monat, am 17. Tage des Monats ruhte die Arche auf dem Gebirge von Ararat. 5 Die Wasser gingen aber immer weiter zurück bis zum 10. Monat. Im 10. Monat am 1. des Monats wurden die Gipfel der Berge sichtbar. 7 Da sandte er einen Raben aus, der flog hin und her, bis das Wasser von der Erde vertrocknet war. 13 Im 601. Lebensjahre Noahs im 1. Monat, am 1. des Monats, war das Wasser von der Erde abgetrocknet; 14 und im 2. Monat, am 27. Tag des Monats war die Erde trocken. 15 Da sprach Gott zu Noah: 16 Geh heraus aus der Arche, du, deine Frau, deine Söhne und die Frauen deiner Söhne mit dir. 17

Alles Getier, das mit dir ist von allem Fleisch, Vögel, Vieh und alle Kriechtiere, die auf Erden kriechen, führe mit dir heraus, dass sie wimmeln auf Erden, fruchtbar seien und sich mehren. 18 Daraufhin ging Noah heraus, seine Söhne und seine Frau und die Frauen seiner Söhne mit ihm 19 und alles Wild und alle Vögel und alle Kriechtiere, die auf Erden kriechen, nach ihren Sippen gingen sie aus der Arche.

Der Bund Gottes mit Noah (9,1-17)
9,1 Da segnete Gott den Noah und seine Söhne und sprach zu ihnen: Seid fruchtbar, mehret euch und füllet die Erde. 2 Aber Furcht und Schrecken vor euch liege auf allen Tieren der Erde und allen Vögeln des Himmels; mit allem, was sich auf Erden regt und mit allen Fischen des Meeres sind sie in eure Gewalt gegeben. 3 Alles, was sich regt und lebendig ist, diene euch zur Nahrung; wie das Grün des Krautes gebe ich euch das alles. 4 Jedoch Fleisch mit seinem Leben, (seinem Blute) sollt ihr nicht essen. 5 Und vollends euer, eures Lebens Blut will ich heimfordern; von jeglichem Tier will ich es heimfordern und von dem Menschen, von jedermanns Bruder will ich das Leben des Menschen heimfordern. 6 Wer Menschenblut vergießt, durch Menschen soll sein Blut vergossen werden, denn im Bilde Gottes ist der Mensch gemacht. 7 Ihr aber, seid fruchtbar, mehret euch, wimmelt auf Erden und beherrscht sie!

8 Dann sprach Gott zu Noah und seinen Söhnen mit ihm: 9 Ich aber, ich stifte meinen Bund mit euch und eurem Samen nach euch 10 und mit allen lebenden Wesen, die bei euch sind, Vögeln, Vieh und allem Wild des Landes bei euch, mit allen, die aus der Arche herausgingen. 11 Meinen Bund stifte ich mit euch, dass hinfort nicht mehr alles Fleisch von den Wassern der Flut vernichtet werde, und die Flut nicht mehr auf Erden kommen soll, die Erde zu verderben. 12 Und Gott sprach: dies ist das Zeichen des Bundes, den ich zwischen mir und euch und jeglichem lebenden Wesen bei euch für ewige Geschlechter setze: 13 Meinen Bogen setze ich in die Wolken, dass er ein Zeichen sei des Bundes zwischen mir und der Erde. 14 Und wenn ich Gewölk über der Erde wölke und der Bogen in den Wolken erscheint, 15 so will ich meines Bundes gedenken, der zwischen mir und euch und allen lebenden Wesen besteht, und das Wasser soll nie mehr zur Flut werden und alles Fleisch verderben. 16 Wenn der Bogen in den Wolken steht, so will ich ihn ansehen und gedenken des ewigen Bundes zwischen Gott und allen lebenden wesen alles Fleisches auf Erden. 17 Und Gott sprach zu Noah: Dies ist das Zeichen des Bundes, den ich zwischen mir und allem Fleisch auf der Erde stifte.

Denkanstöße. Ein Lesebuch für interessierte Gemeindeleute

Warum sollte Theologie nur etwas für Profis sein? Wie finden wir uns im Dschungel von unterschiedlichsten frommen Strömungen zurecht? Hier geht es um Themen wie Bibelverständnis, Evangelikalismus und Fundamentalismus, Konflikte und deren Lösung, Vergebung und Versöhnung, Kommunikation, Mitarbeit und Motivation und allerlei mehr.
Eine anregende Sammlung von Artikeln, die manches Thema ganz unkonventionell erschließen und tradiertes Denken ganz bewusst hinterfragen und damit eben Denkanstöße liefern.

BoD-Verlag, Norderstedt 2022
170 Seiten, Pb., € 12,00
ISBN 9 783755708193 (auch als E-Book erhältlich: € 9,49)

Predigtseminar. Handreichung zur gemeindeinternen Fortbildung

Diese Handreichung ist das Ergebnis eines Seminares, das im Jahr 2019 in der Christuskirche Schöningen durchgeführt wurde. Sie vermittelt grundlegende Einsichten zum Thema „Predigen" und praktische Schritte zur Vorbereitung eines Verkündigungsdienstes für ehrenamtliche Mitarbeiter.

Weil diese Handreichung hauptsächlich für den internen Gebrauch gedacht ist, ist sie nicht im Buchhandel erhältlich, aber über den Verlag und den Autor.

BoD-Verlag, Norderstedt, 2022,
82 Seiten, Pb., € 10,00
ISBN 0216355362
(nur über Verlag oder Autor erhältlich)

Die Anfänge des Baptismus zwischen Harz und Heide

Mitautor: Gotthard Wefel

Viele bisher unbekannte Datails haben die Autoren zur Thematik zusammengetragen. Sie schildern anschaulich die Entwicklung und Ausbreitung baptistischer Gemeinden aus der Zeit der 1830er Jahre bis zur Wende zum 20. Jahrhundert, also einer Zeit bedeutsamer gesellschaftlicher Umbrüche. Die Ausgabe enthält viele Abbildungen und Karten.

BoD-Verlag, Norderstedt, 2015,
296 Seiten, Pb., € 14,90
ISBN 978-37347-96111
(auch als E-Book erhältlich: € 9,99)

Schöninger Baptisten. Eine Freikirche mit Geschichte

Die Geschichte der Baptistengemeinde in Schöningen reicht bis 1850 zurück. Im Herzogtum Braunschweig galt damals allein das Staatskirchentum als erlaubt. Eine Freikirche war undenkbar und erschien als Ungeheuerlichkeit.
Trotzdem etablierte sich die Baptistengemeinde. Ihre Entwicklung führte über viele interessante Stationen. Sie wurde zu einem unübersehbaren Teil der Kirchengeschichte Schöningens und des Landkreises Helmstedt.
Dabei zeigt sich die Gemeinde als eine moderne Kirchenvariante. Sie ist geprägt vom gelebten Glauben, freiwilliger Mitgliedschaft, motivierender Mitgestaltung durch ihre Mitglieder und einer Finanzierung ohne Kirchensteuern. Der Baptismus ist in Schöningen eine selbstbewusste Stimme im ökumenischen Miteinander der Kirchen.

BoD-Verlag, Norderstedt 2021
300 Seiten, gebunden., € 28,00
ISBN 9 783752 603859 (auch als E-Book erhältlich, € 15,99)